웹 앱 API 개발을 위한 **GraphQL**

그래프 이론, 스키마, GraphQL 서비스와 클라이언트까지

Learning GraphQL
by Eve Porcello and Alex Banks

Authorized Korean translation of the English edition of Learning GraphQL,
ISBN 9781492030713 ⓒ 2018 Moon Highway, LLC.

Korean language edition copyright ⓒ 2019 insight Press

This translation is published and sold by permission of O'Reilly Media, Inc.,
which owns or controls all rights to publish and sell the same.

웹 앱 API 개발을 위한 GraphQL:
그래프 이론, 스키마, GraphQL 서비스와 클라이언트까지

초판 1쇄 발행 2019년 11월 12일 **3쇄 발행** 2023년 7월 10일 **지은이** 이브 포셀로, 알렉스 뱅크스 **옮긴이** 배영 **펴낸이** 한기
성 **펴낸곳** (주)도서출판인사이트 **편집** 이지연 **본문 조판** 최우정 **영업마케팅** 김진불 **제작 · 관리** 이유현, 박미경 **용지** 월드
페이퍼 **출력 · 인쇄** 예림인쇄 **제본** 예림바인딩 **등록번호** 제2002-000049호 **등록일자** 2002년 2월 19일 **주소** 서울시 마포구
연남로5길 19-5 **전화** 02-322-5143 **팩스** 02-3143-5579 **이메일** insight@insightbook.co.kr **ISBN** 978-89-6626-253-3 책값
은 뒤표지에 있습니다. 이 책의 정오표는 https://blog.insightbook.co.kr에서 확인하실 수 있습니다.

프로그래밍 **인사이트**

웹 앱 API 개발을 위한
GraphQL

그래프 이론, 스키마, GraphQL 서비스와 클라이언트까지

이브 포셀로, 알렉스 뱅크스 지음 | 배영 옮김

인사이트

차례

3장   GraphQL 쿼리어   37

4장   스키마 설계하기   69

7장　실제 제품을 위한 GraphQL　　191

옮긴이의 글

새로운 프로젝트에서 GraphQL을 사용하게 되어서 공부할 필요가 생겼습니다. 그래서 이 책의 원서를 읽어 보다 기왕 읽는 거 번역까지 욕심을 내 보았습니다. 대학에서 영어 통번역학과를 복수 전공했기 때문에 학위 값을 하려면 책 번역도 한번 해봐야 하지 않을까 싶어 시작한 점도 없지 않아 있습니다.

GraphQL 사이트(*https://graphql-kr.github.io/learn*)가 이미 한국어 번역이 되어 있었기 때문에 용어 번역은 여기 사이트를 참고해 진행했습니다. 개발자분들이 용어를 구글링할 때 편하도록 한자어를 무리하게 사용하기보다는 음차 표기하는 방식을 택했습니다. 영어로 된 개발 용어를 사용하면 단어 번역에 들어가는 시간적인 비용 및 개발할 때 검색하는 비용이 줄어들기 때문에 더 효율적인 번역 방법이지 않을까 생각합니다.

저는 지금까지 다른 사람이 만들어 둔 REST API를 사용만 해봤을 뿐 다른 사람이 사용하도록 작성해 본 경험이 없었는데요, 프로젝트에서 바로 GraphQL API를 만들어야 하는 상황이 되니 살짝 부담스러웠습니다. 하지만 반대로 생각하면 기존의 API 작성법도 익숙하지 않으니 GraphQL을 편견 없이 공부할 수 있었습니다. 딱히 비교할 상대가 없으니 아무런 생각이 없었던 것이죠. 이런 미숙한 경험의 저와는 달리 이미 수없이 많은 REST API를 작성했던 분들도 이 책을 읽으며 GraphQL을 즐겁게 받아들이는 시간이 되셨으면 좋겠습니다.

번역 리뷰를 도와주신 동료 권용준 님과 박성현 님, 김재원 님께 감사를 표합니다. 제가 처음에 GitBook으로 번역 작업을 한다고 고집을 부려 힘들게 한 이지연 편집자님께는 고마움과 동시에 미안한 마음을 표합니다. 1장에서 REST API를 매장(?)하러 가는 문단의 의미 해석을 도와준 Daniel Chen, 2장의 시카고 "L" 트레인의 어원을 설명해 준 Kevin

Peterson에게도 감사를 표합니다. 의외로 개발, 기술 번역보다 문화적인 부분에 대한 번역이 더 까다로웠습니다. 아마 이 친구들은 구글 렌즈를 쓰지 않는 이상 저 문장에서 자기 이름밖에 알아보지 못할 것 같으나, 그렇다고 딱히 법률상의 혹은 윤리적인 문제가 있을 것 같지는 않으니 이만 서문을 마무리하도록 하겠습니다.

- 배영(*http://bit.ly/2FLcVSi*)

서문

감사의 글

훌륭한 분들의 도움이 없었다면 이 책은 나오기 힘들었을 것입니다. *Learning React*[1] 책의 편집자인 Ally MacDonald가 이 책을 쓰도록 아이디어를 제공해 주었습니다. 그 후 운이 좋아 Alicia Young의 도움을 받아 책이 출판될 수 있었습니다. Justin Billing, Melanie Yarbrough, Chris Edwards는 아주 철저한 편집을 통해 이 책의 모난 부분을 모두 매끄럽게 다듬어 주었습니다.

책을 쓰는 동안 아폴로 팀의 Peggy Rayzis, Sashko Stubailo로부터 피드백을 받았습니다. 공유해 주신 통찰과 최신 기능에 대한 좋은 팁에 대해 감사의 말씀을 드립니다. 매우 뛰어난 기술 편집자인 Adam Rackis, Garrett McCullough, Shivi Singh에게도 감사의 말씀을 드립니다.

단순히 GraphQL이 좋기 때문에 이에 대한 책을 쓰게 되었습니다. 여러분도 좋아하실 거라 생각합니다.

이 책에서 사용하는 규칙

이 책에서 사용하는 조판 규칙은 다음과 같습니다.

이탤릭
URL, 이메일 주소, 원서명에 사용합니다.

고정폭 글꼴
프로그램 코드, 변수, 함수명, 데이터베이스, 데이터 타입, 환경 변수, 함수 구문, 키워드 등 프로그램의 요소를 나타냅니다.

---

[1] (옮긴이) 국내에서는 《러닝 리액트》(오현석 옮김. 한빛미디어, 2018)로 출판되었습니다.

볼드체
강조하는 용어에 사용합니다.

이 책에 쓰인 표시

💡	이 요소는 팁이나 제안 사항을 나타냅니다.
✔️	이 요소는 일반적인 노트를 나타냅니다.
❗	이 요소는 경고나 주의사항을 나타냅니다.

코드 예제 사용

보충 자료(코드 예제, 연습 문제 등)는 *https://github.com/moonhighway/learning-graphql*에서 다운로드할 수 있습니다.

이 책은 프로젝트 참고용으로 만들어진 책입니다. 대개의 경우 책에서 제공되는 샘플 코드는 여러분의 프로그램이나 문서에 사용해도 됩니다. 코드의 상당 부분을 재사용하는 경우가 아니라면 저희에게 따로 동의를 구하는 연락을 할 필요가 없습니다. 예를 들어 책의 일부 코드 단락은 허락 없이 사용해도 됩니다. O'Reilly 출판사 책의 예제를 CD-ROM으로 만들어 팔거나 배포하려면 허가가 필요합니다. 책의 내용을 인용하여 질문에 대한 대답을 하는 것은 따로 허가받을 필요가 없습니다. 실제 제품 코드의 문서에 책의 예제 코드를 상당 부분 넣으려면 허가를 받아야 합니다.

이 책을 출처로 밝힐 때는 다음과 같이 표기해 주면 감사하겠습니다. *Learning GraphQL* by Eve Porcello and Alex Banks(O'Reilly). Copyright 2018 Moon Highway, LLC, 978-1-492-03071-3. 같이 제목, 저자, 출판사, ISBN이 들어가면 됩니다.

책의 코드 사용이 정당한 범위를 넘거나 허가가 필요한 상황이라는 생각이 든다면 *permissions@oreilly.com*으로 언제든지 자유롭게 연락 주면 됩니다.

1장

GraphQL에 오신 것을 환영합니다

팀 버너스리(Tim Berners-Lee) 경은 영국 여왕으로부터 기사 작위를 받기 전에는 프로그래머였습니다. 스위스에 있는 유럽 입자 물리학 연구소인 CERN에서 근무했는데, 재능 있는 연구자들과 함께 생활하고 있었습니다. 버너스리는 동료들이 서로의 생각을 좀 더 쉽게 나눌 수 있도록 도와주고 싶었습니다. 그래서 정보를 게시하고 업데이트할 수 있는 과학자용 네트워크를 만들어 내기로 합니다. 이 프로젝트에서 결국 최초의 웹 서버이자 최초의 웹 클라이언트이며, '월드와이드웹' 브라우저(나중에 '넥서스(Nexus)'라고 불리게 됨)가 만들어지며 1990년 12월에 CERN 내부에 소개[1]됩니다.

버너스리는 사람들이 이 프로젝트를 통해 각자의 컴퓨터에서 웹 콘텐츠를 열람하고 편집할 수 있도록 만들었습니다. '월드와이드웹'은 HTML, URL, 브라우저 그리고 콘텐츠 업데이트용 WYSIWYG 인터페이스를 포괄하는 기술이었습니다.

오늘날의 인터넷은 단순히 브라우저 속 HTML이 아닙니다. 노트북 컴퓨터, 손목시계, 스마트폰, 스키 리프트 티켓 안의 라디오 주파수 식별(radio-frequency identification, RFID) 칩도 인터넷입니다. 여러분

---

[1]   *https://www.w3.org/People/Berners-Lee/Longer.html*

이 집에 없을 때 고양이 사료를 로봇이 대신 챙기도록 하는 것도 인터넷을 통해 이루어집니다.

클라이언트의 종류도 예전보다 다양해졌습니다. 하지만 아직도 해결 중인 일이 있는데, 바로 데이터 전송 속도를 최대한 높이는 일입니다. 사용자가 애플리케이션을 대하는 기준이 높아졌기 때문에 앱 성능을 그 기준에 맞추어 만들어야 합니다. 사용자가 보기에 자신의 기기가 2G 피처폰이든, 엄청나게 빠른 인터넷망에 연결된 큰 화면의 데스크톱 컴퓨터든 상관없이 어떤 조건에서도 앱이 제대로 작동해야 합니다. 속도가 빠른 앱은 더 많은 사람이 우리 콘텐츠와 상호 작용하기 쉽게 만들어 줍니다. 사용자에게 기쁨을 안겨 줄 수 있습니다. 아, 그리고 빠른 앱을 만들면 돈도 벌 수 있습니다.

서버로부터 데이터를 받아 와 빠르고 손실 없이 클라이언트에 전송하는 작업의 발전 과정은 웹의 역사와 그 궤를 같이합니다. 이 책에서는 맥락에 대한 이해를 돕기 위해 과거 역사를 가끔씩 들춰보겠습니다. 그러나 이보다는 현대적인 방법을 주로 다룰 것입니다. 여러분과 저는 미래를 이야기하기 위해 이 자리에 모였습니다. 바로 GraphQL입니다.

1.1 GraphQL이란?

GraphQL[2]은 여러분이 API를 만들 때 사용할 수 있는 쿼리 언어입니다. 쿼리에 대한 데이터를 받을 수 있는 런타임이기도 합니다.

GraphQL 쿼리문과 그 응답에 대한 예시는 스타워즈 API인 SWAPI[3]를 참고합니다. SWAPI는 GraphQL로 감싼 REST API입니다. 이를 사용해 쿼리문을 보내고 데이터를 받을 수 있습니다.

GraphQL 쿼리는 실제로 필요한 데이터만 받도록 작성할 수 있습니다. 그림 1-1은 GraphQL 쿼리의 예시입니다. 쿼리문이 왼쪽에 있는데, 레아 공주에 대한 데이터를 요청한 상태입니다. 다섯 번째 사람

---

2 *https://www.graphql.org*
3 *https://graphql.org/swapi-graphql*

(personID:5)을 받아 보고 싶다는 요청을 보냈기 때문에 레아 오가나 (Leia Organa)에 대한 데이터를 받았습니다. 요청한 데이터 필드는 name, birthYear, created, 이 세 가지입니다. 그림의 오른쪽은 응답입니다. JSON 데이터로 되어 있는데, 데이터 형태가 쿼리문과 일치합니다. 응답에는 필요한 데이터만 들어있습니다.

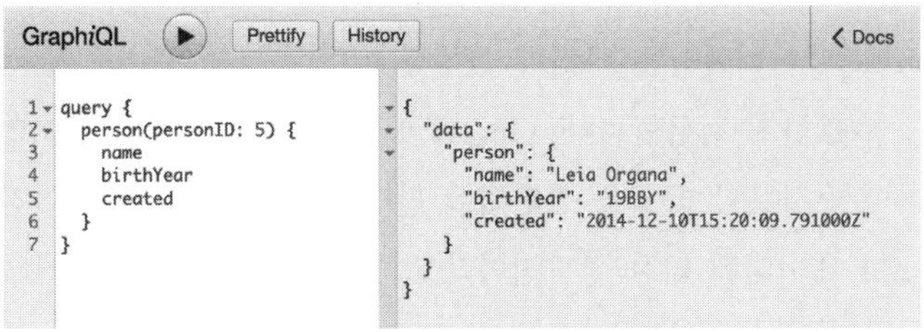

그림 1-1 스타워즈 API 인물 쿼리

쿼리문은 자유롭게 변경할 수 있기 때문에 한번 수정해 보겠습니다. 요청 내용을 변경하면 결과가 달라집니다. 그림 1-2처럼 filmConnection 필드를 추가하면 레아 캐릭터가 등장한 영화들의 제목을 받아 올 수도 있습니다.

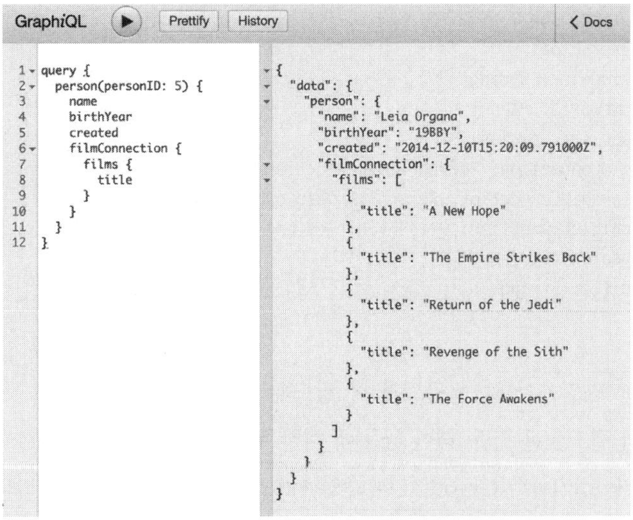

그림 1-2 filmConnection 쿼리

쿼리문을 중첩하여 실행하면 연관된 객체를 응답 데이터로 같이 받을
수 있습니다. HTTP 요청 하나만 가지고 데이터 타입 두 가지에 대한 응
답을 얻을 수 있습니다. 복수의 객체 데이터를 받기 위해 요청을 여러
번 반복할 필요가 없습니다. 얻으려는 타입에 원치 않은 데이터가 포함
되어 있다면, 이를 제외할 수도 있습니다. 클라이언트 쪽에서 GraphQL
을 사용하면 요청 한번에 필요한 데이터를 모두 받을 수 있습니다.

GraphQL 서버에서는 쿼리가 실행될 때마다 타입 시스템에 기초해
쿼리가 유효한지 검사합니다. GraphQL 서비스를 만들려면 GraphQL
스키마에서 사용할 타입을 정의해야 합니다. 타입 시스템은 여러분이
만든 API 데이터에 대한 청사진이라고 생각하면 됩니다. 이 청사진은
미리 정의된 객체를 바탕으로 만들어집니다. 앞에서 만든 인물 쿼리는
다음과 같은 Person 객체를 바탕으로 작성되었습니다.

```
type Person {
    id: ID!
    name: String
    birthYear: String
    eyeColor: String
    gender: String
    hairColor: String
    height: Int
    mass: Float
    skinColor: String
    homeworld: Planet
    species: Species
    filmConnection: PersonFilmsConnection
    starshipConnection: PersonStarshipConnection
    vehicleConnection: PersonVehiclesConnection
    created: String
    edited: String
}
```

Person 타입에는 모든 필드가 각 필드의 타입과 함께 정의되어 있습니
다. 이 필드들은 모두 레아 공주에 대한 쿼리를 작성할 때 사용할 수 있
습니다. 스키마와 GraphQL의 타입 시스템에 대해서는 3장에서 자세히
알아보겠습니다.

GraphQL은 **선언형**(declarative) 데이터 페칭(fetching) 언어라고 흔히 일컬어집니다. 그러므로 개발자는 '무슨' 데이터가 필요한지에 대한 요구사항만 작성하면 되고 '어떻게' 가져올지는 신경 쓰지 않아도 됩니다. GraphQL 서버 라이브러리는 다양한 언어(C#, 클로저, 엘릭서, 얼랭, 고, 그루비, 자바, 자바스크립트, 닷넷, PHP, 파이썬, 루비)로 만들어져 있습니다.[4]

이 책에서는 자바스크립트로 GraphQL 서비스 구현하는 법을 집중적으로 다룹니다. 책에서 사용한 테크닉은 다른 언어를 사용할 때도 똑같이 사용할 수 있습니다.

1.1.1 GraphQL 명세

GraphQL은 클라이언트와 서버 간의 통신 명세(스펙)입니다. 명세란 뭘까요? 명세에는 한 언어의 능력과 특징이 기술되어 있습니다. 언어 명세는 그 언어를 사용하기 위한 공통의 어휘를 제공하고, 모범 사례(best practices)도 설명해 주기 때문에 언어 사용자들에게 도움이 됩니다.

꽤 유명한 소프트웨어 명세로 ECMAScript 명세가 있습니다. 정기적으로 브라우저 회사, 기술 회사, 큰 규모의 커뮤니티 대표들이 모여 ECMAScript 명세에 포함되어야 할 사항(그리고 제외되어야 할 사항)에 대해 의논합니다. GraphQL 명세도 똑같이 만들어집니다. 세계 각지에서 온 사람들이 모여 GraphQL에 필요한 것(그리고 빠져야 할 것)에 대한 명세를 작성합니다. 그리고 이 명세를 GraphQL을 구현할 때 지침으로 사용합니다.

명세 배포 후, GraphQL 제작자들은 자바스크립트 GraphQL 서버 레퍼런스인 graphql.js[5]도 공개했습니다. 이 라이브러리는 청사진으로 써도 유용합니다. 그러나 이를 만든 핵심 이유는 특정 언어를 사용하지 않더라도 서비스를 구현할 수 있음을 보여주기 위함입니다. 단순 지침에 불과한 라이브러리입니다. 일단 쿼리 언어와 타입 시스템을 이해한 다

---

4 GraphQL 서버 라이브러리 항목 참고. *https://graphql.org/code*
5 *https://github.com/graphql/graphql-js*

음 사용하고 싶은 언어를 택해 서버를 만들면 됩니다.

명세와 그 구현물의 개념이 서로 다르다면, 명세에는 도대체 어떤 내용이 들어있는 걸까요? GraphQL 명세는 쿼리를 작성할 때 사용하는 언어의 문법을 설명합니다. 또한 타입 시스템 및 타입 시스템의 실행과 유효성 검사를 담당하는 엔진에 대해서도 설명합니다. 그 밖에는 딱히 엄격히 정의하지 않습니다. GraphQL 명세에는 특정 프로그래밍 언어, 데이터 저장 방식 혹은 클라이언트를 지원해야 한다고 강제하는 내용이 없습니다. 쿼리 언어에 대한 가이드라인은 있으나, 프로젝트의 실질적인 설계는 여러분에게 달려 있습니다. 명세를 전체적으로 자세히 읽어보고 싶다면 문서[6]를 참조하세요.

1.1.2 GraphQL 설계 원칙

GraphQL API 작성법에 제한은 없으나 GraphQL 서비스를 만들 때 고려해야 할 지침이 몇 가지 있습니다.[7]

위계적

> GraphQL 쿼리는 위계성을 띠고 있습니다. 필드 안에 다른 필드가 중첩될 수 있으며, 쿼리와 그에 대한 반환 데이터는 형태가 서로 같습니다.

제품 중심적

> GraphQL은 클라이언트가 요구하는 데이터와 클라이언트가 지원하는 언어 및 런타임에 맞춰 동작합니다.

엄격한 타입 제한

> GraphQL 서버는 GraphQL 타입 시스템을 사용합니다. 스키마의 데이터 포인트마다 특정 타입이 명시되며, 이를 기초로 유효성 검사를 받게 됩니다.

클라이언트 맞춤 쿼리

> GraphQL 서버는 클라이언트 쪽에서 받아서 사용할 수 있는 데이터

---

6 *https://facebook.github.io/graphql*
7 *GraphQL Spec*, June 2018(*https://graphql.github.io/graphql-spec*) 참고.

를 제공합니다.

인트로스펙티브(instrospective)[8]

GraphQL 언어를 사용해 GraphQL 서버가 사용하는 타입 시스템에
대한 쿼리를 작성할 수 있습니다.

명세에 대한 기본을 이해했으니, GraphQL이 만들어진 계기를 알아보
도록 하겠습니다.

1.2 GraphQL의 탄생

때는 2012년, 페이스북 내부에서는 자사의 네이티브 모바일 앱을 다시
만들어야겠다는 결정이 내려졌습니다. 그 당시 회사의 iOS와 안드로이
드 앱은 그저 모바일 웹사이트 뷰를 얇게 감싸 둔 포장지에 불과했습니
다. 페이스북은 RESTful 서버와 FQL(페이스북의 SQL) 데이터 테이블
을 사용하고 있었습니다. 성능도 별로였고, 앱은 자주 충돌이 났습니다.
바로 그때 엔지니어들은 데이터를 클라이언트 애플리케이션으로 전송
하는 방식을 개선해야 한다는 사실을 깨달았습니다.[9]

리 바이런(Lee Byron)과 닉 슈록(Nick Schrock) 그리고 댄 셰이퍼
(Dan Schafer)가 속한 개발 팀은 클라이언트 쪽 데이터를 다른 시각으
로 바라보기 시작했습니다. 그러고 나서 GraphQL을 만들기 시작했는
데, 이는 페이스북의 클라이언트 및 서버 애플리케이션 데이터 모델 요
구사항과 기능을 정립하기 위한 쿼리 언어였습니다.

2015년 7월, 이 팀에서 GraphQL 초벌 명세와 graphql.js라는 자바스
크립트 GraphQL 레퍼런스 서버를 공개했습니다. 2016년 9월, GraphQL
은 '기술 미리보기(preview)' 단계를 통과했습니다. GraphQL을 정식으
로 서비스에서 사용할 준비를 마친 셈입니다. 물론 페이스북은 몇 년 전

---

8 (옮긴이) '내향적'이라고 사전적으로 번역될 수 있는 단어이나, GraphQL의 인트로스펙션
(instrospection) 기능을 설명하는 단어이기 때문에 음차 표기했습니다. 인트로스펙션에 대해서
는 3장에서 설명합니다.

9 댄 셰이퍼(Dan Schafer)와 징 첸(Jing Chen)의 발표인 "React 애플리케이션에서 데이터 페칭하
기(Data Fetching For React Applications)" 참고. *https://www.youtube.com/watch?v=9sc8Pyc51uU*

부터 사내 제품에 사용하고 있었습니다. 현재 페이스북 내부의 데이터 페칭[10]은 거의 다 GraphQL을 통해 이루어지고 있으며 IBM, Intuit, 에어비앤비(Airbnb) 같은 다른 회사에서도 제품에 사용하고 있습니다.

1.3 데이터 전송의 역사

GraphQL에는 매우 신선한 몇 가지 개념들이 포함되어 있는데, 데이터 전송의 역사적인 맥락 안에서 이들 개념들을 이해하면 됩니다. 데이터 전송이라 하면 가장 먼저 떠오르는 생각은 데이터가 컴퓨터 간에 전송되는 방식에 대한 궁금증입니다. 원격 시스템에 데이터를 요청하고 응답이 오기를 기다리는 모습이 그려집니다.

1.3.1 RPC

1960년에 RPC(Remote Procedure Call, 원격 프로시저 호출)가 발명되었습니다. RPC는 클라이언트에서 원격 컴퓨터로 요청 메시지를 보내 무언가를 하도록 만듭니다. 원격 컴퓨터는 클라이언트로 응답 메시지를 보냅니다. 이때의 클라이언트와 서버는 지금과는 다른 컴퓨터지만 정보 전달 방식은 기본적으로 같습니다. 클라이언트가 서버로 데이터 요청을 보내고, 서버는 응답을 돌려줍니다.

1.3.2 SOAP

1990년 후반에 마이크로소프트에서 SOAP(Simple Object Access Protocol, 단순 객체 접근 프로토콜)가 나왔습니다. SOAP는 XML을 사용해 메시지를 인코딩하고 HTTP를 사용해 전송합니다. SOAP에서는 타입 시스템도 사용하고 리소스 중심의 데이터 호출이라는 개념도 도입해 사용했습니다. SOAP를 사용하면 결과 값을 예측하기가 상당히 쉬우나, 구현하기가 꽤 복잡하기 때문에 사용 도중 좌절할 위험이 있습니다.

---

10 (옮긴이) 웹 개발에서 '데이터 페칭'은 API를 통해 서버로부터 데이터를 받아 오는 일련의 과정을 의미합니다. 주로 받아 온 데이터를 가공 후 UI에 노출할 목적으로 행해집니다.

1.3.3 REST

여러분에게 현재 가장 친숙한 API 패러다임을 말해보라 하면 아마 REST 가 나올 것입니다. REST는 로이 필딩(Roy Fielding)이 2000년에 작성한 캘리포니아 어바인 대학 학위 논문[11]에서 정의된 개념입니다. 이 논문에는 사용자가 GET, PUT, POST, DELETE와 같은 행동을 수행하여 웹 리소스를 가지고 작업을 진행하는 리소스 중심의 아키텍처에 대한 내용이 담겨 있습니다. 리소스 네트워크는 **가상 상태 머신**(virtual state machine)이며 행동(GET, PUT, POST, DELETE)은 머신 내의 상태를 바꿉니다. 지금은 당연한 것처럼 보이나, 그 당시에는 상당히 파격적인 개념이었습니다. (아, 그리고 로이는 이 주제로 박사 학위를 취득했답니다.)

RESTful 아키텍처에서 라우트는 정보를 나타내는 개념입니다. 예를 들어 다음과 같은 각각의 라우트를 통해 정보를 요청하면 그에 따라 응답이 다르게 오게 됩니다.

```
/api/food/hot-dog
/api/sport/skiing
/api/city/Lisbon
```

REST를 사용하면 데이터 모델의 엔드포인트를 다양하게 만들 수 있고, 이전의 아키텍처보다 개발하기 쉽습니다. 갈수록 복잡해지는 웹 세상의 데이터를 다루는 새로운 방법을 제시해 주면서도 데이터 응답 형식을 자유롭게 만들 수 있는 가능성을 열어 줍니다. 초반에 REST는 XML과 함께 사용됐습니다. AJAX는 원래 '비동기 자바스크립트 그리고 XML(Asynchronous JavaScript And XML)'의 머리글자만 따서 만들어진 단어였습니다. 왜냐하면 Ajax 요청에 대한 응답 데이터가 XML 형식이었기 때문입니다. (하지만 이제는 'Ajax'라는 철자를 가진 독립적인 단어가 되었습니다.) 이 때문에 웹 개발자가 받는 고통은 가중되었습니다. 자바스크립트에서 데이터를 사용하기 전에 XML 응답을 파싱해야 되었기 때문입니다.

---

11 *https://www.ics.uci.edu/~fielding/pubs/dissertation/top.htm*

얼마 지나지 않아 더글러스 크록포드(Douglas Crockford)가 JSON(자바스크립트 객체 표기법)을 만들고 표준화했습니다. JSON은 특정 언어에 구애받지 않으며, 다양한 언어에서 파싱하고 사용할 수 있도록 우아힌 데이터 포맷을 가지고 있습니다. 곧이어 더글러스는 후대에 많은 영향을 끼친 *JavaScript: The Good Parts*(O'Reilly, 2008)[12]라는 책을 썼는데, 그 책에서 JSON을 자바스크립트의 장점 중 하나라고 소개했습니다.

REST가 웹 개발에 끼친 영향은 부인할 수 없습니다. 수없이 많은 API를 만드는 데 사용됐습니다. 개발자들은 REST의 덕을 크게 보았습니다. REST다운 것이 무엇인지에 대한 토론에 열을 올리는 팬들도 있는데, 이들을 가리켜 **레스타파리안**(RESTafarian, REST주의자)이라고 부르기도 합니다. 자, 그렇다면 왜 페이스북 개발 팀은 새로운 데이터 전송 방식을 만드는 일을 시작했을까요? REST의 단점에서 답을 찾을 수 있습니다.

1.4 REST의 단점

GraphQL이 처음 공개된 날, 일부 사람들은 GraphQL이 REST의 자리를 차지할 것이라며 칭송했습니다. "REST는 죽었다!" GraphQL 얼리어댑터들은 이렇게 부르짖었고, 다른 이들에게 트렁크에 삽을 챙겨 넣도록 만들면서 영문을 모르는 REST API를 매장하기 위해 숲으로 데려갔습니다. 이런 식으로 GraphQL을 REST 척결자로 선전하는 것은 블로그 방문자 수 늘리기와 콘퍼런스 대화 주제로 삼기에는 아주 좋으나, 사실을 너무 단순화한 느낌이 있습니다. 그보다는 웹이 계속 발전해 나가면서 REST가 특정 조건에서 부하가 걸리는 조짐이 보였기 때문에 GraphQL이 부하 완화용으로 만들어졌다고 하는 편이 제대로 된 설명인 것 같습니다.

---

12 (옮긴이) 번역서의 제목은 《더글라스 크락포드의 자바스크립트 핵심 가이드》(김명신 옮김, 한빛미디어, 2008)입니다.

1.4.1 오버페칭

REST 버전 SWAPI에서 받은 데이터를 사용해 앱을 만드는 상황을 가정해 봅시다. 제일 먼저, 등장인물 중 가장 유명한 루크 스카이워커에 대한 데이터를 불러옵니다. *https://swapi.co/api/people/1*에 가면 해당 정보에 대한 GET 요청을 실행할 수 있습니다. 다음은 그 응답으로 받은 JSON 데이터입니다.[13]

```
{
  "name": "Luke Skywalker",
  "height": "172",
  "mass": "77",
  "hair_color": "blond",
  "skin_color": "fair",
  "eye_color": "blue",
  "birth_year": "19BBY",
  "gender": "male",
  "homeworld": "https://swapi.co/api/planets/1/",
  "films": [
    "https://swapi.co/api/films/2/",
    "https://swapi.co/api/films/6/",
    "https://swapi.co/api/films/3/",
    "https://swapi.co/api/films/1/",
    "https://swapi.co/api/films/7/"
  ],
  "species": [
    "https://swapi.co/api/species/1/"
  ],
  "vehicles": [
    "https://swapi.co/api/vehicles/14/",
    "https://swapi.co/api/vehicles/30/"
  ],
  "starships": [
    "https://swapi.co/api/starships/12/",
    "https://swapi.co/api/starships/22/"
  ],
  "created": "2014-12-09T13:50:51.644000Z",
  "edited": "2014-12-20T21:17:56.891000Z",
  "url": "https://swapi.co/api/people/1/"
}
```

---

13 최신 스타워즈 영화는 SWAPI의 데이터에 들어 있지 않습니다.

응답이 매우 크네요. 앱에서 필요한 데이터보다 큽니다. 앱에서 필요한
정보는 이름, 신장, 몸무게가 전부입니다.

```
{
  "name": "Luke Skywalker",
  "height": "172",
  "mass": "77"
}
```

이는 **오버페칭**(overfetching)의 전형적인 사례입니다. 필요하지 않은
데이터를 너무 많이 받아 왔습니다. 클라이언트가 필요한 데이터 포인
트는 세 개뿐인데, 키(key)가 16개나 되는 객체를 받아서 쓸모없는 정
보가 네트워크로 전송되어 버렸습니다.

　GraphQL 애플리케이션에서 보내는 요청은 어떻게 생겼을까요? 그
림 1-3에서 보듯 여전히 루크 스카이워커의 이름, 신장, 몸무게 정보가
필요합니다.

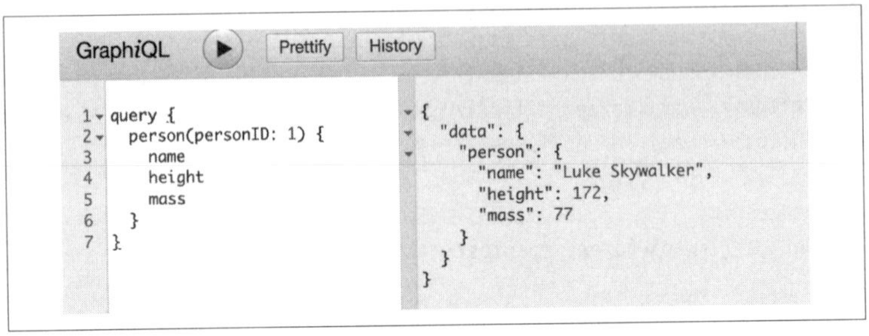

그림 1-3 루크 스카이워커 쿼리

왼쪽을 보면 GraphQL 쿼리가 있습니다. 여기에는 우리가 필요한 필드
만 기재되어 있습니다. 오른쪽을 보면 JSON 응답이 나와 있는데, 이번에
는 우리가 요청한 데이터만 들어 있습니다. 아무 이유 없이 전화 기지국
에서 핸드폰까지 여행해야 했던 쓸모없는 13개 필드는 들어 있지 않습
니다. 요청 안에 필요한 데이터 형태를 써 두었기 때문에 그 형태 그대로
응답을 받았습니다. 그 이상을 받지도, 그 이하를 받지도 않았습니다. 이
는 REST API 요청보다 선언적인 방식입니다. 불필요한 데이터를 가져오
지 않았으므로 응답 속도 역시 빨라질 여지가 있습니다.

1.4.2 언더페칭

프로젝트 매니저가 방금 우리 책상에 와서 스타워즈 앱에 새로운 기능을 추가하고 싶다고 말하고 갔습니다. 이름, 신장, 몸무게뿐 아니라 이제는 루크 스카이워커가 등장한 모든 영화의 제목이 담긴 목록을 화면에 노출해야 합니다. *https://swapi.co/api/people/1*에 데이터를 요청하고 나서 추가 데이터를 또 요청해야 하는 상황이 되었습니다. 이를 **언더페치**(underfetch)되었다고 표현합니다.

모든 영화 제목을 얻으려면 영화(films) 배열에 담긴 각각의 라우트에서 데이터를 가져와야 합니다.

```
"films": [
  "https://swapi.co/api/films/2/",
  "https://swapi.co/api/films/6/",
  "https://swapi.co/api/films/3/",
  "https://swapi.co/api/films/1/",
  "https://swapi.co/api/films/7/"
]
```

이 데이터를 얻으려면 루크 스카이워커[14]에 대한 요청을 한번 보내야 하고 각 영화에 대한 요청을 다섯 번 더 보내야 합니다. 각각의 영화 정보는 또 다른 큰 객체에 담겨 있는데, 이 객체에서 필요한 값은 오직 하나입니다.

```
{
  "title": "The Empire Strikes Back",
  "episode_id": 5,
  "opening_crawl": "...",
  "director": "Irvin Kershner",
  "producer": "Gary Kurtz, Rick McCallum",
  "release_date": "1980-05-17",
  "characters": [
    "https://swapi.co/api/people/1/",
    "https://swapi.co/api/people/2/",
    "https://swapi.co/api/people/3/",
    "https://swapi.co/api/people/4/",
```

---

14 *https://swapi.co/api/people/1*

```
      "https://swapi.co/api/people/5/",
      "https://swapi.co/api/people/10/",
      "https://swapi.co/api/people/13/",
      "https://swapi.co/api/people/14/",
      "https://swapi.co/api/people/18/",
      "https://swapi.co/api/people/20/",
      "https://swapi.co/api/people/21/",
      "https://swapi.co/api/people/22/",
      "https://swapi.co/api/people/23/",
      "https://swapi.co/api/people/24/",
      "https://swapi.co/api/people/25/",
      "https://swapi.co/api/people/26/"
  ],
  "planets": [
      //... 긴 라우트 목록
  ],
  "starships": [
      //... 긴 라우트 목록
  ],
  "vehicles": [
      //... 긴 라우트 목록
  ],
  "species": [
      //... 긴 라우트 목록
  ],
  "created": "2014-12-12T11:26:24.656000Z",
  "edited": "2017-04-19T10:57:29.544256Z",
  "url": "https://swapi.co/api/films/2/"
}
```

영화에 출연하는 등장인물 목록이 필요하다면 요청을 훨씬 더 많이 보
내야만 합니다. 이 경우, 요청 대상 라우트가 16개나 되고 클라이언트
에서 16번이나 더 왕복 여행을 해야 합니다. 각각의 HTTP 요청이 클라
이언트 리소스를 사용하는 와중에 데이터는 과도하게 가져옵니다. 이
때문에 사용자 체감 속도가 느려지고, 만약 네트워크나 기기의 속도가
느리다면 콘텐츠를 아예 못 볼 가능성도 있습니다.

그림 1-4에서 보듯이, GraphQL을 사용하면 쿼리를 중첩으로 정의해,
페치 한 번에 필요한 모든 데이터를 요청하여 이런 언더페칭 문제를 해
결할 수 있습니다.

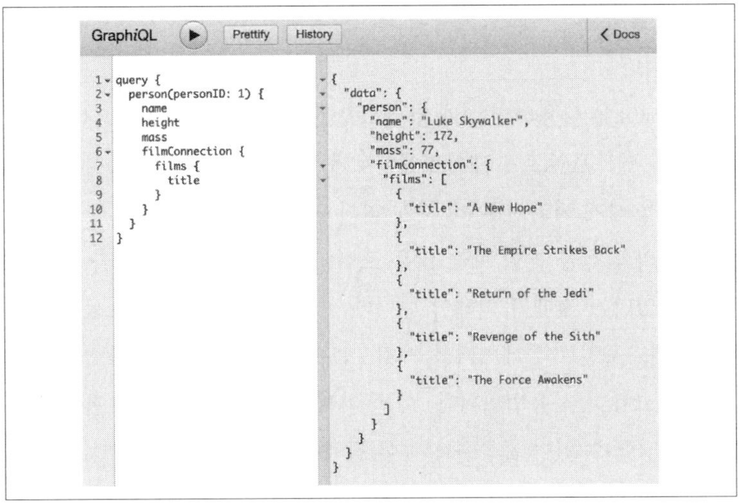

그림 1-4 filmConnection

위 그림을 보면 요청 한 번에 필요한 데이터를 모두 받아 오는 것을 볼 수 있습니다. 그리고 계속 말했듯이 요청 형태와 반환되는 데이터의 형태가 같습니다.

1.4.3 REST 엔드포인트 관리

REST API에 대한 흔한 불만 하나는 유연성이 부족하다는 것입니다. 클라이언트에 변경 사항이 생기면 대개 엔드포인트를 새로 만들어야 하는데, 이렇게 되면 엔드포인트 개수가 몇 배로 빠르게 늘어납니다. 오프라 윈프리의 말을 빌리자면 "라우트를 받으셨네요! 라우트를 받으셨네요! 여러분! 모두! 라우트를! 받으셨네요!"[15] 같은 상황이 벌어집니다.

SWAPI REST API를 사용하면 수많은 라우트로 요청을 날려야 합니다. 규모가 큰 앱에서는 보통 HTTP 요청을 최소화하고자 커스텀 엔드포인트를 사용합니다. /api/character-with-movie-title 같은 식의 엔드포인트가 여기저기서 나타나게 됩니다. 개발 속도가 느려질 수도 있는데, 왜냐하면 새로운 엔드포인트를 만들려면 프론트엔드와 백엔드 팀

---

15 (옮긴이) 오프라 윈프리가 자신의 쇼에서 모든 방청객에게 자동차를 한 대씩 선물하면서 말한 대사("You Get a Car")를 패러디한 것입니다. *https://youtu.be/hcJAWKdawuM*

이 서로 협력해야 하므로 계획과 의사소통에 들어가는 시간이 길어지기 때문입니다.

GraphQL을 사용하면 설계상 엔드포인트가 보통 하나로 끝나게 됩니다. 단일 엔드포인트가 게이트웨이로써 몇 가지 데이터 소스를 조율하는 역할을 하게 되고, 데이터 체계 역시 손쉽게 관리됩니다.

REST의 단점을 논할 때는 많은 조직이 GraphQL과 REST를 같이 사용하고 있다는 것에 유의해야 합니다. GraphQL 엔드포인트를 만들어 REST 엔드포인트의 데이터를 가져오는 식의 작업 방식은 완벽하게 유효한 GraphQL 사용법입니다. 이는 여러분 조직에 GraphQL을 점진적으로 도입할 수 있는 훌륭한 전략이 될 수 있습니다.

1.5 실생활에서의 GraphQL

GraphQL은 여러 회사에서 앱, 웹사이트, API를 효율적으로 개발하기 위해 사용하고 있습니다. 눈에 띄는 GraphQL 얼리어답터 중에는 깃허브가 있습니다. 깃허브의 REST API는 메이저 버전 3까지 반복되어 사용되었고, 버전 4에서는 GraphQL을 공용 API로 사용합니다. 깃허브는 공식 웹사이트[16]에서 "REST API v3과 비교했을 때, GraphQL은 사용자가 정말로 필요한 데이터만 정의해 사용할 수 있다는 강력한 장점을 지니고 있다"고 의견을 밝혔습니다.

뉴욕타임스, IBM, 트위터, 엘프(Yelp) 등 다른 회사도 GraphQL을 신뢰하기 시작했으며, 이들 회사 소속 개발자들이 GraphQL의 장점을 콘퍼런스에서 전파하는 모습을 쉽게 볼 수 있습니다.

GraphQL을 집중적으로 다루는 콘퍼런스가 적어도 세 개 이상 존재합니다. 샌프란시스코에서 열린 GraphQL 서밋, 헬싱키에서 열린 GraphQL Finland, 베를린에서 열린 GraphQL Europe입니다. GraphQL을 주제로 여러 지역 모임과 소프트웨어 콘퍼런스가 열리고 있어 커뮤니티 규모는 점점 더 확대되고 있습니다.

---

16 *https://developer.github.com/v4*

1.5.1 GraphQL 클라이언트

지금까지 여러 번 언급했듯이, GraphQL은 그냥 명세에 불과합니다. GraphQL은 여러분의 개발 환경(React, Vue, 자바스크립트, 브라우저)에 독립적입니다. 주의사항이 몇 가지 있긴 하나, 어찌 되었든 설계와 관련된 결정은 전적으로 여러분께 달려 있습니다. 이 때문에 명세에는 언급되지 않았으나 몇 가지 선택은 강제로 하게끔 만드는 툴이 등장하였으니, 바로 GraphQL 클라이언트입니다.

GraphQL 클라이언트의 목적은 개발자가 **빠르게** 작업할 수 있는 환경을 만들어주고 애플리케이션의 성능과 효율성을 끌어올리는 것입니다. 네트워크 요청, 데이터 캐싱, 사용자 화면에 데이터 주입 등의 일을 담당합니다. 그 종류가 많으나 업계의 선두 주자는 Relay[17]와 아폴로(Apollo)[18]입니다.

Relay는 페이스북이 만든 클라이언트로 React와 React Native와 함께 사용할 수 있습니다. React 컴포넌트 사이의 교두보 역할을 하고, GraphQL 서버에서 데이터를 페칭하는 용도로 만들어졌습니다. 페이스북, 깃허브, 트위치 등에서 사용하고 있습니다.

아폴로 클라이언트는 Meteor 개발 그룹에서 만들었으며, 더 복합적인 GraphQL 툴 제공을 목표로 커뮤니티 주도의 프로젝트가 진행 중입니다. 모든 주요 프론트엔드 개발 플랫폼에서 사용할 수 있으며, 프레임워크에 종속되어 있지 않습니다. 또한 GraphQL 서비스를 만들 때 도움되는 개발 툴, 백엔드 서비스 성능 향상 서비스 및 GraphQL API 성능 모니터링 툴을 제공합니다. 에어비앤비, CNBC, 뉴욕타임스, 티켓마스터(Ticketmaster)와 같은 회사에서 실제 제품에 사용하고 있습니다.

GraphQL 커뮤니티 생태계는 규모가 크고 계속해서 변하고 있습니다. 그러나 좋은 소식은 바로 GraphQL 명세가 꽤나 안정적인 상태의 표준이라는 것입니다. 뒷장에서는 스키마 작성법과 GraphQL 서버 생

---

17 *https://facebook.github.io/relay*
18 *https://www.apollographql.com*

성법을 다룰 것입니다. 관련 학습 자료가 이 책의 깃허브 저장소[19]에 있습니다. 도움될 만한 링크와 샘플 그리고 각 장의 프로젝트 파일을 모두 모아 두었습니다.

GraphQL을 통한 개발 전략에 대해 생각해 보기 전에, 그래프 이론과 GraphQL에 녹아 있는 개념들의 풍부한 역사에 대해 살짝 다뤄 보도록 하겠습니다.

---

19 *https://github.com/moonhighway/learning-graphql*

2장

그래프 이론

아침이 되어 핸드폰 알람이 울립니다. 핸드폰을 주섬주섬 찾아봅니다.
알람을 끄는 와중에 알림이 두 개 온 것을 봤습니다. 전날 밤에 쓴 트윗
을 좋아하는 사람이 열다섯 명이나 되네요. 좋습니다. 그중 세 명이 리
트윗을 보냈습니다. 두 배로 좋네요. 이때의 순간적인 트위터 명성도를
그래프로 그려보면 그림 2-1과 같습니다.

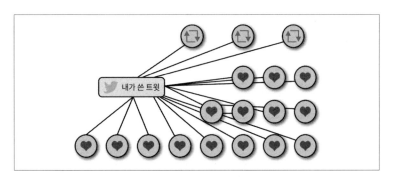

그림 2-1 트위터 '좋아요'와 리트윗 다이어그램

이제 얼빙 파크(Irving Park)로 가서 시카고 'L'[1]을 타기 위해 계단을 올
라가 봅시다. 문이 닫히기 직전에 뛰어서 올라탔습니다. 완벽하네요.

---

1   (옮긴이) 미국 일리노이주 시카고 및 주변 지역에서 운행되는 도시 철도 체계. 'L'은 'elevated'의
    줄임말입니다.

기차가 좌우로 흔들거리면서 앞으로 나아가며 모든 역에 멈춰 섭니다.

역마다 전철 문이 열리고 닫힙니다. 제일 먼저, 에디슨(Addison) 역입니다. 그리고 펄리나(Paulina), 사우스포트(Southport), 벨몬트(Belmont)에 차례로 멈추어 섭니다, 벨몬트 역에서 플랫폼을 가로질러 빨간 라인으로 환승하러 갑니다. 빨간 라인 전철을 타고 역을 두 개 더 지납니다. 풀러튼(Fullerton)과 노스/클라이본(North/Clybourn) 역입니다. 그림 2-2의 그래프 때문에 여러분이 뭔가 생각할 거리가 생겼네요.

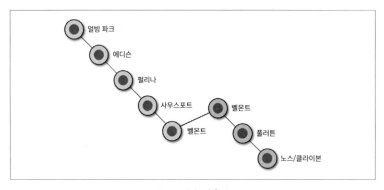

그림 2-2 시카고 'L' 지도

자, 이제 지상으로 올라가는 엘리베이터를 막 탔는데 핸드폰 벨이 울립니다. 여동생의 전화입니다. 7월에 있을 할아버지의 팔순 잔치에 참석하기 위해 기차 티켓을 사고 싶다고 하네요. "외할아버지야, 아니면 친할아버지야?" 여러분이 물어봅니다. "친할아버지. 그런데 외조부모님도 오실 것 같아. 그리고 린다 고모랑 스티브 숙부도 오신대." 여러분은 머릿속에 누가 올 것인지 그림을 그려보기 시작합니다. 가계도라는 그래프 덕분에 파티 계획이 완성되었습니다. 그림 2-3에 그래프가 그려져 있습니다.

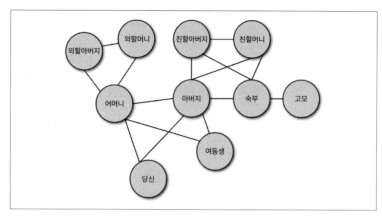

그림 2-3 가계도

주위의 모든 곳에 그래프가 있다는 사실을 알아차리기까지 얼마 걸리지 않았습니다. 소셜 미디어 앱에서도 그래프가 보이고, 철도 지도에서도 보이고, 우천 시 비상 연락망에서도 보입니다. 그리고 그림 2-4에서 보듯이 환상적인 천체 별자리에서도 그래프를 찾아볼 수 있습니다.

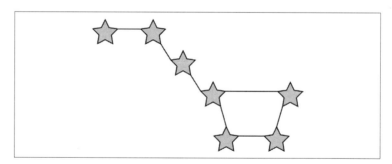

그림 2-4 북두칠성

그림 2-5에서 보듯이 가장 작은 자연의 구조물에도 그래프가 있습니다.

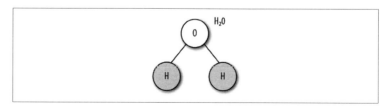

그림 2-5 H_2O 다이어그램

그래프는 우리 주변 어디서나 찾아볼 수 있습니다. 상호 연관된 사물이나 사람, 개념, 또는 데이터를 다이어그램으로 표현할 수 있는 훌륭한 방법이기 때문입니다. 그런데 이 그래프 개념은 어디서 온 걸까요? 이에 대해 알아보려면 **그래프 이론**과 수학 그래프 이론의 원천을 좀 더 자세히 들여다 봐야 합니다.

 그래프 이론을 몰라도 GraphQL 사용에는 아무런 문제가 없습니다. 퀴즈 시험은 보지 않겠습니다. 그러나 배경을 이해하는 데 그래프 개념 뒤에 놓인 역사를 탐험해 보는 것은 흥미로운 일이라고 생각합니다.

2.1 그래프 이론 어휘

그래프 이론은 말 그대로 그래프에 대한 연구입니다. 그래프는 상호 연관 관계에 놓여 있는 객체 집합을 표현할 때 널리 사용합니다. 데이터 포인트(data point)[2] 객체와 이들 사이의 관계가 그래프라 생각하면 됩니다. 그래프는 그림 2-6과 비슷하게 생겼습니다.

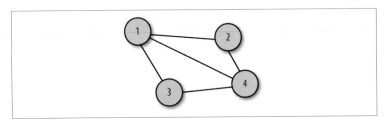

그림 2-6 그래프 다이어그램

이 그래프 다이어그램은 데이터 포인트를 나타내는 원 네 개로 이루어져 있습니다. 그래프 용어로 이들 점은 **노드**(nodes) 혹은 **정점**(vertex)이라고 부릅니다. 노드 사이의 연결선은 **엣지**(edge)라고 합니다. 위 그래프에는 다섯 개의 엣지가 있습니다.[3]

---

2 (옮긴이) 데이터 집합이 주어졌을 때, 개별적인 요소로 구분 지을 수 있는 것을 데이터 포인트라고 합니다.
3 노드와 엣지에 대해 더 자세히 알아보려면 베디히 조쉬(Vaidehi Joshi)의 글 "그래프 이론에 대한 상냥한 개론"을 읽어보세요. *https://dev.to/vaidehijoshi/a-gentle-introduction-to-graph-theory*

그래프를 방정식으로 표현하면 G = (V, E)입니다.

가장 쉬운 약어부터 풀이해보면, G는 그래프를 뜻합니다. 그리고 V는 노드의 집합을 뜻합니다. 따라서 앞의 그래프는 다음 식으로 표현할 수 있습니다.

```
vertices = { 1, 2, 3, 4 }
```

E는 엣지의 집합을 나타냅니다. 노드를 쌍으로 묶어 엣지를 나타낼 수 있습니다.

```
edges = { {1, 2},
          {1, 3},
          {1, 4},
          {2, 4},
          {3, 4} }
```

위 리스트에서 엣지 짝의 정렬 순서를 바꾸면 어떻게 될까요? 예를 들어 다음과 같이 바꾼다고 해봅시다.

```
edges = { {4, 3},
          {4, 2},
          {4, 1},
          {3, 1},
          {2, 1} }
```

이 경우, 그림 2-7에서 보듯이 그래프는 그대로입니다.

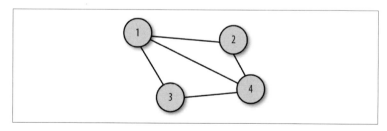

그림 2-7 그래프 다이어그램

위 식은 여전히 그래프를 나타내고 있으나, 노드 사이에 방향이나 위계성이 없습니다. 그래프 이론에서 이런 그래프를 **무방향 그래프**(undirected graph)[4]라 합니다. 앞에서 식으로 정의 내린 엣지는 데이터 포인트 사이의 관계를 나타내며 **비정렬 쌍**(unordered pairs)이라고 합니다.

노드 횡단(혹은 방문) 순서를 정할 때는 마음대로 시작과 끝, 방향을 정하면 됩니다. 그래프 데이터는 어떤 특정한 번호 순서를 따르지 않기 때문에, 무방향 그래프는 비선형(nonlinear) 데이터 구조라고 할 수 있습니다. 이제 다른 그래프를 살펴봅시다. 그림 2-8에 나와 있는 **방향 그 래프**(directed graph 혹은 digraph)입니다.

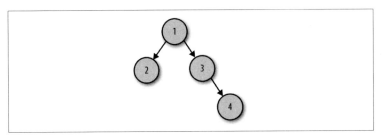

그림 2-8 방향 그래프 다이어그램

무방향 그래프와 비교했을 때, 각 노드의 숫자는 동일하지만 엣지가 다르게 생겼습니다. 선 대신에 화살표로 되어 있네요. 이 그래프에는 노드 사이의 방향, 다르게 말하자면 흐름(flow)이 존재합니다. 이를 식으로 표현하면 다음과 같습니다.

```
vertices = {1, 2, 3, 4}
edges = ( {1, 2},
          {1, 3}
          {3, 4} )
```

이 둘을 합쳐보면, 그래프 식은 다음과 같아집니다.

```
graph = ( {1, 2, 3, 4},
          ({1, 2}, {1, 3}, {3, 4})  )
```

노드 쌍이 중괄호 대신 소괄호로 묶여 있는 것에 주의하세요. 여기서 사용된 소괄호는 엣지 쌍이 '순서를 가지고 있음'을 의미합니다. 그래프

---

4 *https://algs4.cs.princeton.edu/41graph*

엣지 쌍에 순서가 부여되어 있다면, 그 그래프는 방향 그래프입니다. 방향 그래프의 엣지 쌍을 다시 정렬하면 어떻게 될까요? 무방향 그래프의 경우처럼 변경 전 그래프와 같을까요?

```
graph = ( {1, 2, 3, 4},
          ( {4, 3}, {3, 1}, {1, 2} )  )
```

그림 2-9에서 보듯이 이번 다이어그램은 노드 4가 제일 위에 있어서, 이전과 사뭇 달라 보입니다.

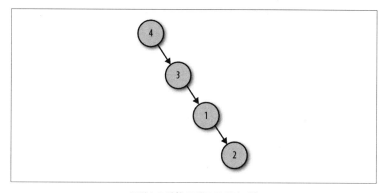

그림 2-9 방향 그래프 다이어그램

위 그래프 횡단은 노드 4에서 시작해 화살표 방향을 따라가며 순서대로 각각의 노드를 방문하는 식으로 이루어집니다. 직접 한 노드에서 다른 노드로 이동하는 과정을 상상해 본다면 횡단 과정을 시각화하는 데 도움이 됩니다. 사실, 그래프 이론의 개념은 바로 우리가 현실에서 하는 여행에서 비롯된 것입니다.

2.2 그래프 이론의 역사

그래프 이론 연구의 기원은 1735년 프로이센 쾨니히스베르크 마을[5]까지 거슬러 올라갑니다. 이 마을은 프레겔(Pregel) 강가에 있었기 때문에 해운물류의 허브 역할을 하는 큰 섬이 두 개나 있었습니다. 그림 2-10과

---

5 *http://www-users.math.umn.edu/~reiner/Classes/Konigsberg.pdf*

같이, 이 두 섬은 일곱 개의 다리로 서로 그리고 위아래 본토와 이어져 있습니다.

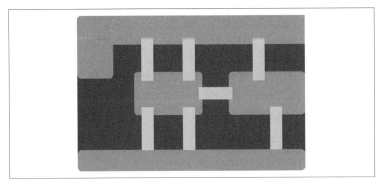

그림 2-10 쾨니히스베르크 다리

쾨니히스베르크 마을은 아주 멋진 곳이었습니다. 마을 사람들은 일요일마다 밖으로 나와 신선한 공기를 마시면서, 일곱 개의 다리를 건너며 시간을 보내는 것을 매우 좋아했습니다. 날이 갈수록 점점 마을 사람들은 한 가지 퍼즐을 푸는 데 열중하기 시작했습니다. 이미 지나간 다리로 돌아가지 않고 일곱 개의 다리를 전부 건너려면 어떻게 해야 할까요? 사람들은 마을을 돌아다니고 각 섬에 들리며 다리를 중복해서 건너는 일 없이 모두 건너보려고 노력했지만 한계에 부딪혔습니다. 그들은 레온하르트 오일러(Leonhard Euler)에게 도움을 청했습니다. 오일러는 생애 동안 책과 논문을 500편 넘게 다작한 스위스의 수학자입니다.

천재여서 바빴던 탓에, 오일러는 이렇게 사소한 문제에는 신경 쓰고 싶지 않아 했습니다. 그러나 잠시 생각해보더니, 이 문제에 대한 흥미가 마을 사람들만큼 커져 버려 열광적으로 답을 찾기 위해 노력하기 시작했습니다. 오일러가 생각하기에 가능한 경로를 모두 손으로 써서 나열하는 편보다, 그림 2-11처럼 땅과 땅 사이의 연결(다리)을 보는 편이 더 간단해 보였습니다.

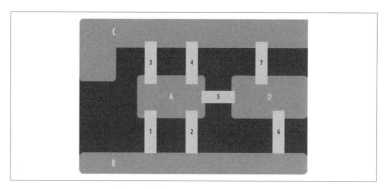

그림 2-11 숫자가 매겨진 쾨니히스베르크 다리

그리고 이를 더 단순화하여 다리와 땅을 그렸습니다. 그림 2-12처럼 생긴 이 그림은 후에 그래프 다이어그램이라 불리게 됩니다.

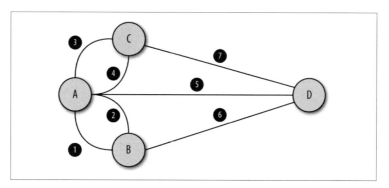

그림 2-12 다이어그램으로 그린 쾨니히스베르크 다리

그림 2-12를 보면 A와 B는 하나의 엣지로 연결되어 있기 때문에 서로 **인접하다**(adjacent)라고 말할 수 있습니다. 엣지의 연결 관계를 이용하면 각 노드의 **위상**(degree)을 계산할 수 있습니다. 어떤 노드의 위상은 그 노드에 붙은 엣지의 수와 같습니다. 나리 문제에 등장한 노드를 다시 살펴보면, 각 노드의 위상이 홀수인 것을 알 수 있습니다.

- A: 인접 노드와 연결된 엣지 다섯 개(홀수)
- B: 인접 노드와 연결된 엣지 세 개(홀수)
- C: 인접 노드와 연결된 엣지 세 개(홀수)

- D: 인접 노드와 연결된 엣지 세 개(홀수)

각 노드의 위상이 홀수이므로, 오일러는 문제에 등장한 다리를 다시 건너지 않고 한 번만 건너는 일이 불가능하다는 사실을 발견했습니다. 요약하자면 다음과 같습니다. 다리를 건너서 한 섬에 일단 들어가면, 다른 다리를 통해 나와야만 합니다. 같은 다리를 다시 건너고 싶지 않다면 섬에 연결된 엣지, 즉 다리의 개수가 무조건 짝수여야만 합니다.

각 엣지를 한 번씩 거쳐 가는 그래프를 오늘날에는 **오일러 경로** (Eulerian path)라고 부릅니다. 오일러 경로인 방향 그래프는 위상이 홀수인 노드가 두 개이거나, 모든 노드의 위상이 짝수입니다. 그림 2-13의 그래프는 (1, 4) 노드가 홀수 위상을 가지고 있습니다.

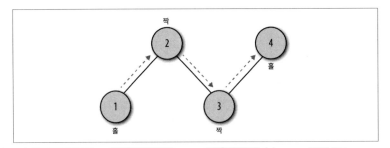

그림 2-13 오일러 경로

오일러와 관련된 다른 개념으로는 **오일러 사이클**(Eulerian cycle)이라는 순환로가 있습니다. 오일러 사이클도 각 엣지를 한 번씩만 거치지만, 시작 노드와 끝 노드가 같습니다(그림 2-14).

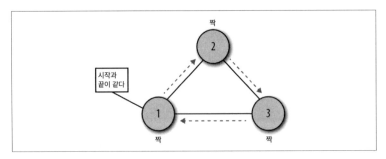

그림 2-14 오일러 사이클

쾨니히스베르크 다리 문제는 그래프 이론 문제의 첫 번째 정리로 남게 되었습니다. 오일러는 그래프 이론의 창시자로 여겨질 뿐만 아니라, 상수 e와 **허수 단위** i를 만든 사람이기도 합니다. 심지어 수학에서 사용하는 함수 구문인 $f(x)$(변수 x에 대한 함수 f)도 기원을 따라가다 보면 오일러가 나옵니다.[6]

쾨니히스베르크 다리 문제의 조건은 모든 다리는 한 번씩밖에 건너지 못한다는 것이었습니다. 횡단을 특정 노드에서 시작해야 한다거나 끝내야 한다는 조건은 찾아볼 수 없습니다. 즉, 무방향 그래프 횡단 문제인 셈입니다. 만약 여러분에게 특정 노드에서 시작해야 한다는 조건을 준다면, 이 문제를 어떤 식으로 풀고 싶나요?

여러분이 섬 B의 거주민이라면 항상 그 섬에서부터 여정을 시작해야 할 것입니다. 이 경우, 다리 문제는 방향 그래프를 푸는 문제가 되어 버리는데, 이 방향 그래프는 흔히 트리(tree)라고 불립니다.

2.3 트리는 그래프다

이제 트리 그래프에 대해 생각해 볼 시간입니다. 트리는 노드가 위계적으로 정렬된 그래프입니다. 그래프를 봤는데 루트(root) 노드가 있다면 트리 그래프라 보시면 됩니다. 다르게 말하자면, 트리 그래프에서 루트 노드는 트리가 시작되는 곳이며 다른 노드는 루트의 자손으로 연결되어 있습니다.

조직도를 예로 들어보겠습니다. 조직도는 트리의 교본이라 할 수 있습니다. CEO가 최상단에 있고 다른 모든 직원은 CEO 아래에 놓여 있습니다. 그림 2-15에서 보듯이 CEO는 트리의 루트이며, 다른 노드는 모두 루트 노드의 자손입니다.

---

6 오일러와 그의 업적에 대해 더 자세히 알아보려면 *http://www.storyofmathematics.com/18th_euler.html*을 참고하세요.

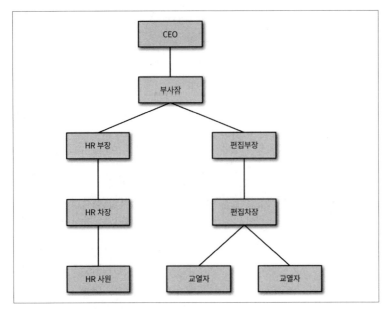

그림 2-15 조직도

트리 구조는 많은 곳에서 쓰이고 있습니다. 가계도에서 쓰는 것을 본 적이 있으실 겁니다. 의사 결정 알고리즘을 표현할 때도 트리를 사용합니다. 트리 구조를 사용하면 데이터베이스 정보에 빠르고 효율적으로 접근할 수도 있습니다. 여러분이 회사 면접을 보게 된다면 다섯 명의 면접관을 상대로 이진 트리에 대해 화이트보드에 설명하는 일을 처음이자 마지막으로 할 수도 있습니다.

어떤 그래프가 트리 구조인지 알아보려면 그 그래프의 루트 노드(시작 노드)를 살펴보면 됩니다. 루트 노드부터 살펴보면, 트리 구조에서는 엣지를 사용해 루트 노드와 자식 노드를 연결합니다. 자식을 갖고 있는 노드는 부모 노드라고 부릅니다. 자식 노드 아래에 또 여러 개의 자식 노드에 연결되어 있다면, 그 노드는 가지(branch)라고 부릅니다. 자식이 없는 노드는 잎(leaf)이라고 부릅니다.

트리의 노드는 모두 데이터 포인트를 보유하고 있습니다. 따라서 특정 데이터에 빠르게 접근하기 위해서는 트리의 어느 노드가 그 데이터 포인트를 보유하고 있는지 알고 있는 것이 중요합니다. 데이터를 빠르게 찾기 위해서는 각 노드의 **깊이**(depth)를 계산해야 합니다. 노드의 깊이는 간단히 말해 트리 루트 노드에서 해당 노드가 얼마나 떨어져 있는지를 나타내는 것입니다. 트리 A -> B -> C -> D가 있다고 해봅시다. 노드 C의 깊이를 알아내려면 루트와 C 사이에 연결이 몇 번 이루어졌는지 세어 보면 됩니다. C와 루트 (A) 사이에는 연결이 정확히 두 번 되어 있습니다. 따라서 노드 C의 깊이는 2이고, 노드 D의 깊이는 3입니다.

트리는 위계적인 구조여서, 트리 안에 트리가 존재할 수 있습니다. 이렇게 다른 트리 안에 위치한 트리를 서브 트리(subtree)라고 부릅니다. 보통 HTML 페이지가 서브 트리를 몇 개 가지고 있습니다. 트리 루트 노드는 <html> 태그입니다. 그리고 그 밑으로 서브 트리가 두 개 있는데, 하나는 <head>를 루트로 하는 왼쪽 서브 트리이고 다른 하나는 <body>를 루트로 하는 오른쪽 서브 트리입니다. 루트 노드의 서브 트리 밑에는 <header>, <footer>, <div> 등의 다른 서브 트리의 루트 노드가 위치합니다. 그림 2-16에 나와 있듯이 중첩이 깊어질수록 서브 트리의 수가 많아집니다.

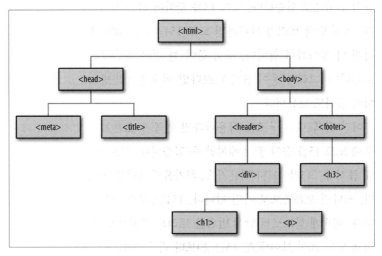

그림 2-16 HTML 트리

이진 트리(binary tree) 역시 트리처럼 그래프의 한 종류입니다. 이진 트리는 자식 노드가 최대 두 개뿐입니다. 주로 **이진 탐색 트리**(binary search tree)[7]를 일컬어 이진 트리라고 합니다. 이진 탐색 트리는 이진 트리의 일종으로 특정한 배치 규칙을 따릅니다. 배치 규칙과 트리 구조는 데이터를 빠르게 찾는 데 도움이 됩니다. 그림 2-17에는 이진 탐색 트리의 예시가 나와 있습니다.

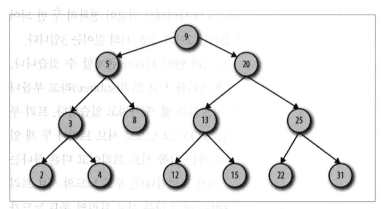

그림 2-17 이진 탐색 트리

그림을 보면 루트 노드가 있고, 개별 노드의 자식 수는 최대 두 개라는 규칙을 따르고 있습니다. 노드 15를 찾아야 하는 상황이라 가정해 봅시다. 이진 탐색 트리가 아니라면 노드 15를 찾을 때까지 모든 노드를 하나씩 다 찾아봐야 합니다. 운이 좋아 한 번에 옳은 가지를 찾아낼지도 모릅니다. 그러나 운이 몹시 나쁘다면 비효율적인 방식으로 트리를 돌아야 할지도 모릅니다.

이진 탐색 트리 구조를 사용한다면 왼쪽과 오른쪽의 법칙을 이해한 후에 노드 15를 솜씨 좋게 배치할 수 있습니다. 루트 9에서 탐색을 시작해 봅시다. "15가 9보다 작은가요, 큰가요?" 작다면 왼쪽으로 가면 됩니다. 크다면 오른쪽으로 가면 됩니다. 15는 9보다 크므로 오른쪽으로 갑니다. 이렇게 함으로써 탐색 범위를 트리의 절반으로 줄일 수 있습니다. 이제 노드 20이 보이네요. 15는 20보다 작은가요, 큰가요? 작으니까 왼쪽으로 갑니다. 남은 노드 중에 또 반절이 날아갑니다. 노드 13은 15보

---

7 베디히 조쉬(Vaidehi Joshi)의 블로그 글 "Leaf it up to binary trees"를 보세요. *https://medium.com/basecs/leaf-it-up-to-binary-trees-11001aaf746d*

다 큰가요, 작은가요? 크니까 오른쪽으로 갑니다. 15를 찾았습니다! 왼쪽과 오른쪽으로 나아가며 탐색 범위를 줄인 덕분에 찾고자 하는 데이터를 훨씬 빨리 찾을 수 있었습니다.

2.4 실생활에서의 그래프

GraphQL을 업무에 많이 사용하고 있다면, 앞에서 설명한 그래프 이론을 매일 마주하고 계실지도 모릅니다. 그래프 이론을 모른채 그저 사용자 화면에 데이터를 효율적으로 불러오는 용도로 GraphQL을 사용하고 계셨을 수도 있습니다. 그래프 이론을 아는지와는 별개로, GraphQL 프로젝트 안에는 이 이론이 배경으로 깔려 있습니다. 앞에서 다뤘듯이 그래프는 특히나 데이터 포인트가 아주 많은 애플리케이션의 요구 사항을 충족시키는 데 적절하게 사용할 수 있습니다.

페이스북을 떠올려 보세요. 그래프 이론 어휘로 표현해 보자면 페이스북의 사용자는 노드라 할 수 있습니다. 한 사람이 다른 사람과 연결되어 있다면, 이들은 엣지를 통해 양방향으로 연결되어 있는 것입니다. 페이스북은 무방향 그래프입니다. 누군가와 친구 관계를 맺을 때마다 상대방 역시 나와 연결됩니다. 저는 제 절친인 사라와 양방향으로 연결되어 있습니다. (그림 2-18에 나와 있듯이) 우리는 서로 친구입니다.

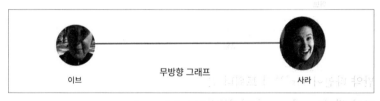

그림 2-18 페이스북의 무방향 그래프

페이스북 그래프는 무방향 그래프이기 때문에 각 노드는 수많은 상호 연결 관계가 존재하는 거미줄, 즉 소셜 네트워크의 일부라 할 수 있습니다. 여러분은 여러분의 친구 모두와 연결되어 있습니다. 같은 그래프 내에서 여러분의 친구들은 각자 자신의 친구와 연결되어 있습니다. 아무 노드에서나 횡단을 시작하거나 끝낼 수 있습니다(그림 2-19).

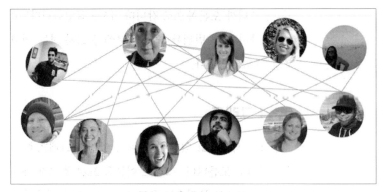

그림 2-19 페이스북 무방향 그래프

반대로 트위터를 예로 들어봅시다. 모든 사람이 양방향으로 연결된 페이스북과는 다르게 트위터는 방향 그래프가 이용됩니다. 그림 2-20에서 보듯이 연결이 단방향이기 때문입니다. 만약 여러분이 미셸 오바마를 팔로우 중이라 해도 그녀는 여러분을 팔로우하지 않을 겁니다. 언제든지 그렇게 해도 환영받을 텐데 말이죠. (미셸, @eveporcello, @moontahoe로 팔로우해 주세요.)

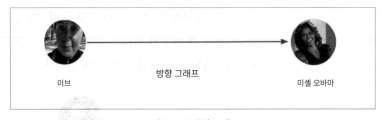

그림 2-20 트위터 그래프

만약 타인이 여러분의 트위터 친구 관계를 본다면, 여러분이 트리의 루트가 됩니다. 친구들이 여러분한테 연결되어 있습니다. 그리고 친구들 각자의 지인들이 서브 트리로 또 연결되어 있습니다(그림 2-21).

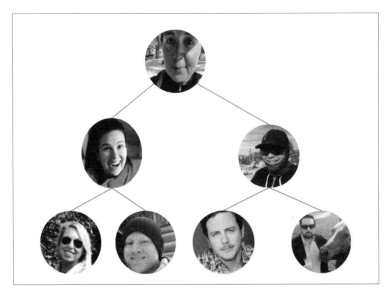

그림 2-21 친구 트리

페이스북에서도 타인을 본다면 같은 식으로 바라볼 수 있습니다. 사람 한 명을 골라서 데이터를 요청한다면, 응답 데이터는 트리 형태일 겁니다. 고른 사람이 루트가 되고, 그 사람의 데이터는 모두 자식 노드가 됩니다. 응답을 들여다 보면 이 사람은 모든 친구와 엣지로 연결되어 있습니다.

- 특정한 사람
  - 이름
  - 위치
  - 생일
  - 친구들
    - 친구 이름
    - 친구 위치
    - 친구 생일

이 구조는 GraphQL 쿼리와 아주 비슷하게 생겼네요.

```
{
    me {
        name
        location
        birthday
        friends {
            name
            location
            birthday
        }
    }
}
```

GraphQL을 사용하면 필요한 데이터만 쿼리하여 복잡한 그래프 형식의
데이터를 간단하게 만들 수 있습니다. 다음 장에서는 GraphQL 쿼리 메
커니즘과 타입 시스템 유효성 검사 방식을 깊게 다뤄 보겠습니다.

3장

GraphQL 쿼리어

GraphQL이 오픈 소스로 발표되기 45년 전에, IBM 직원인 에드가 코드 (Edgar M. Codd)는 상당히 짧은 논문을 한 편 발표했습니다. 논문의 제목은 〈대용량 공용 데이터베이스를 위한 관계 모델(A Relational Model of Data for Large Shared Database)〉[1]로, 내용과 비교해 매우 깁니다. 비록 간결 명료한 제목은 아니지만 매우 인상 깊은 아이디어를 담고 있는 논문으로, 테이블을 통해 데이터를 저장 및 조작하는 모델에 대한 개요가 서술되어 있습니다. 논문 발표 후 얼마 지나지 않아, IBM에서는 관계형 데이터베이스 작업을 착수합니다. 관계형 데이터베이스에서 사용하는 언어가 바로 **구조화된 영문 쿼리 언어**(Structured English Query Language), 즉 SEQUEL입니다. 이 언어는 나중에 가서는 그냥 SQL이라고 불리게 됩니다.

SQL(구조화된 쿼리 언어)은 도메인에 종속된 언어로, 데이터베이스 안의 데이터에 접근하거나, 데이터를 관리하거나 조작하는 데 사용합니다. 명령어 한번으로 복수의 레코드에 접근한다는 아이디어는 SQL에서 나온 것입니다. 또한 SQL을 사용하면 ID뿐 아니라 다른 키 값을 사용해 레코드에 접근할 수 있습니다.

---

1 *https://www.seas.upenn.edu/~zives/03f/cis550/codd.pdf*

SQL로 실행할 수 있는 명령어는 사실 매우 한정되어 있는데 SELECT, INSERT, UPDATE, DELETE뿐입니다. 데이터 작업은 이게 전부입니다. SQL 쿼리문 한 줄로 데이터베이스 안의 여러 데이터 테이블에서 필요한 데이터를 한 번에 추출할 수 있습니다.

데이터는 오로지 읽고, 쓰고, 갱신하고, 삭제만 할 수 있다는 SQL의 철학은 REST에 나름의 영향을 주었습니다. REST에서는 이 네 가지 기본적인 데이터 작업(읽기, 쓰기, 갱신, 삭제)에 따라 GET, POST, PUT, DELETE의 각기 다른 HTTP 메서드를 사용합니다. 하지만 REST에서 데이터를 읽거나 변경하려면 엔드포인트 URL을 사용하는 수밖에 없고, 실제 쿼리 언어는 사용할 수 없습니다.

GraphQL은 쿼리 데이터베이스용으로 만들어진 개념을 가져다가 인터넷에 적용해 만들어진 것입니다. GraphQL 쿼리 하나로 여기저기 흩어져 있는 데이터를 한데 모아 받습니다. SQL처럼 GraphQL 쿼리도 데이터를 변경하거나 삭제할 때 사용합니다. SQL의 QL과 GraphQL의 QL은 둘 다 마찬가지로 쿼리 언어(Query Language)라는 뜻입니다.

GraphQL과 SQL은 둘 다 쿼리 언어이기는 하나, 사용 환경이 완전히 다릅니다. SQL 쿼리는 데이터베이스로 보내는 반면, GraphQL 쿼리는 API로 보냅니다. SQL 데이터는 데이터 테이블 안에 저장되어 있으나 GraphQL 데이터는 저장 환경을 가리지 않습니다. 단일 데이터베이스, 여러 개의 데이터베이스, 파일 시스템, REST API, 웹소켓(WebSocket), 심지어 또 다른 GraphQL API로부터 데이터를 받아 올 수 있습니다. SQL은 데이터베이스용 쿼리 언어이고, GraphQL은 인터넷용 쿼리 언어입니다.

GraphQL과 SQL의 구문은 매우 다릅니다. GraphQL에서는 SELECT 대신 Query를 사용해 데이터 요청을 보냅니다. GraphQL을 가지고 하는 모든 작업의 중심에 Query가 있습니다. INSERT, UPDATE, DELETE를 사용하는 대신 GraphQL은 Mutation이라는 데이터 타입을 가지고 데이터를 조작합니다. GraphQL은 인터넷에서 사용될 요량으로 만들어졌기 때문에, Subscription 타입도 존재합니다. 이 타입을 사용해 소켓 연결로 전달되는 데이터 변경 사항을 감지할 수 있습니다. SQL에는 이런 것이 없습니다. SQL은 손자와 전혀 닮은 구석이 없어 보이는 할아버지쯤으로 생각하시면 됩니다. 그러나 GraphQL은 SQL과 똑같은 성씨를 가지고 있기 때문에 그 연관성은 알아 볼 수 있습니다.

GraphQL은 명세에 따라 표준화되어 있습니다. 여러분이 사용하는 프로그래밍 언어에 종속되어 있지 않다는 뜻입니다. GraphQL 쿼리는 단지 GraphQL 쿼리일 뿐입니다. 프로젝트에서 사용하는 언어(자바스크립트, 자바, 하스켈, 기타 등등 다른 모든 언어 포함)에 상관없이 쿼리문은 항상 똑같은 구문을 사용한 문자열입니다.

쿼리는 단순한 문자열로, POST 요청 본문에 담겨 GraphQL 엔드포인트로 보내집니다. GraphQL은 다음과 같이 생겼습니다.

```
{
  allLifts {
    name
  }
}
```

'cURL'을 사용해 GraphQL 엔드포인트로 쿼리를 보내려면 다음과 같이 하면 됩니다.

```
curl 'http://snowtooth.herokuapp.com/'
  -H 'Content-Type: application/json'
  --data '{"query":"{ allLifts {name }}"}'
```

GraphQL 스키마가 위와 같은 형태의 쿼리를 처리할 수 있다면, 터미널에 바로 JSON 응답 내용이 뜨게 됩니다. JSON 응답에는 data 필드 안에 요청한 데이터가 들어가고, 무언가 잘못되었다면 errors 필드가 들어 있습니다. 요청을 하나만 보내므로 응답도 하나만 받습니다.

데이터를 수정하려면 **뮤테이션**(mutation)을 사용하면 됩니다. 쿼리와 뮤테이션은 비슷하게 생겼으나, 뮤테이션은 애플리케이션의 전반적인 상태를 수정하고자 하는 의도로 사용합니다. 이에 필요한 데이터는 다음처럼 뮤테이션과 함께 직접 넣어 보내면 됩니다.

```
mutation {
  setLiftStatus(id: "panorama" status: OPEN) {
    name
    status
  }
}
```

GraphQL 쿼리 언어를 사용해 뮤테이션 코드를 작성해 보았는데, 이것만 보고도 panorama id 값을 가진 승강기의 상태를 OPEN으로 바꾸려는 작업을 시도했다고 추측할 수 있습니다. cURL을 사용해 GraphQL 서버에 해당 요청을 보낼 수 있습니다.

```
curl 'http://snowtooth.herokuapp.com/'
  -H 'Content-Type: application/json'
  --data '{"query":"mutation {setLiftStatus(id: \"panorama\"
status: OPEN) {name status}}"}'
```

쿼리나 뮤테이션에 변수를 조금 더 세련되게 대입하는 방법이 있긴 하나 책의 뒷부분에 나옵니다. 이번 장에서는 GraphQL을 사용해 쿼리, 뮤테이션, 서브스크립션 코드를 작성하는 법을 집중적으로 다룹니다.

3.1 GraphQL API 툴

GraphQL 커뮤니티에서 만든 오픈 소스 툴이 몇 가지 있는데, 이를 통해 GraphQL API를 시험삼아 사용해 볼 수 있습니다. GraphQL 쿼리를 작성하여 GraphQL 엔드포인트로 보내고, 돌아오는 JSON 응답 분석 작업을 할 수 있습니다. 다음 절에서는 GraphQL API에 시험삼아 쿼리를 보낼 때 가장 널리 사용하는 두 가지 툴을 알아보겠습니다. 바로 GraphiQL과 GraphQL 플레이그라운드입니다.

3.1.1 GraphiQL

GraphiQL은 브라우저 안에서 사용하는 IDE(통합 개발 환경)로, 페이스북에서 만들었습니다. GraphQL API를 분석하고 쿼리를 보낼 때 사용합니다. 구문 하이라이트 기능, 코드 자동 완성 기능 및 에러 경고 기능이 들어 있습니다. 브라우저에서 바로 쿼리문을 실행하고 결과를 받아 보는 기능도 있습니다. 다수의 공용 API는 실제 데이터에 대한 쿼리를 작성할 수 있도록 GraphiQL 인터페이스를 함께 제공합니다.

화면은 상당히 직관적으로 생겼습니다. 그림 3-1에서 보듯이 쿼리를 작성할 수 있는 패널이 하나 있고, 이를 실행하는 버튼과 응답 결과를 출력하는 패널이 하나 있습니다.

그림 3-1 GraphiQL 인터페이스

GraphQL 쿼리 언어로 작성된 텍스트를 **쿼리 도큐먼트**(query document)라 하겠습니다. 왼쪽 패널에 쿼리 텍스트를 작성하면 됩니다. GraphQL 도큐먼트에는 **작업**(operation)을 수행하는 정의를 하나 이상 쓸 수 있습니다. 가능한 작업으로 Query, Mutation, Subscription이 있습니다. Query 작업을 추가하려면 그림 3-2처럼 하면 됩니다.

그림 3-2 GraphiQL 쿼리

재생 버튼을 누르면 쿼리가 실행됩니다. 그러면 오른쪽 패널에 JSON 형식의 응답이 출력됩니다(그림 3-3).

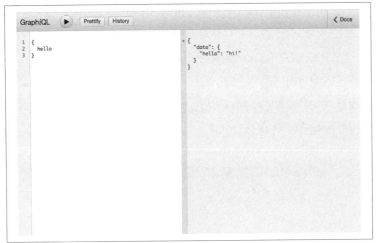

그림 3-3 GraphiQL

현재 사용 중인 GraphQL 서비스에 쿼리를 보내기 위해 알아 두어야 할
모든 것에 관해 궁금하다면, 우측 위의 Docs를 클릭하세요. 새로 창이
하나 뜨는데 이 문서는 GraphiQL에서 서비스 스키마를 읽어 자동 생성
한 후 추가한 것입니다. 스키마에는 서비스에서 사용할 수 있는 데이터
가 정의되어 있습니다. GraphiQL은 이 스키마를 상대로 인트로스펙션
(introspection) 쿼리를 실행하여 문서를 자동으로 생성해 냅니다. 그림
3-4에서 보듯이, 탐색기를 사용하면 언제든지 문서 열람이 가능합니다.

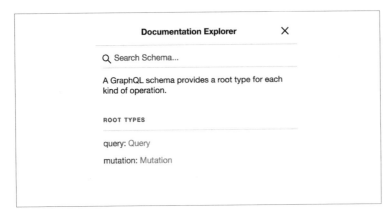

그림 3-4 GraphiQL 문서 탐색기 패널

여러분은 대체로 URL을 통해 GraphQL 서비스와 함께 호스팅하는 GraphiQL에 접속하게 됩니다. GraphQL 서비스를 직접 개발하고 있다면, GraphiQL 화면을 렌더링하는 라우트를 따로 추가하여 사용자들이 공개 데이터를 가지고 실험할 수 있도록 환경을 만들면 됩니다. 브라우저에서 실행하지 않아도 되는 단독 버전도 다운로드할 수 있습니다.

3.1.2 GraphQL 플레이그라운드

GraphQL 플레이그라운드는 GraphQL API 탐색 용도로 사용할 수 있는 또 다른 툴입니다. **GraphQL 플레이그라운드**는 프리스마(Prisma, 데이터베이스 툴) 개발자들이 만들었습니다. 이 툴은 GraphiQL의 기능도 제공하면서 흥미로운 옵션도 적용되어 있습니다. 가장 손쉽게 GraphQL 플레이그라운드를 사용해 보려면 브라우저에서 https://www.graphqlbin.com/v2/new에 접속하면 됩니다. 초기 화면의 인풋 박스에 엔드포인트를 입력해야 데이터를 가지고 플레이그라운드에서 여러 가지 테스트를 할 수 있습니다.

GraphQL 플레이그라운드는 GraphiQL과 매우 비슷하나, 꽤 편하다고 느낄 만한 기능이 몇 가지 있습니다. 그중 가장 주목할 만한 것은 GraphQL 요청에 커스텀 HTTP 헤더를 넣어 같이 보내는 기능(그림 3-5)입니다. (5장에서 인증에 대해 다룰 때, 더 자세히 설명하겠습니다.)

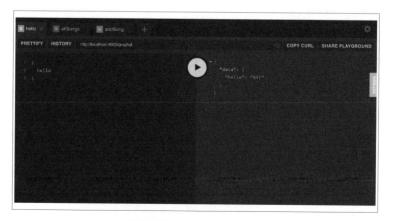

그림 3-5 GraphQL 플레이그라운드

GraphQL Bin 역시 아주 편하게 공동으로 개발할 수 있는 환경을 제공하는 툴입니다. 그림 3-6에 나와 있듯이, 여러분이 만든 bin의 링크를 다른 사람에게 공유할 수 있습니다.

그림 3-6 bin 공유하기

GraphQL 플레이그라운드는 데스크톱 버전도 있는데, 홈브루(Homebrew)를 사용해 로컬에 설치할 수 있습니다.

```
brew cask install graphql-playground
```

아니면 웹사이트[2]에서 다운로드하서도 됩니다.

GraphQL Bin 데스크톱 앱을 받아 설치하거나, 브라우저에서 URL을 치고 들어간 후 쿼리를 보내면 됩니다. 빠르게 툴을 작동시키려면 API 엔드포인트(공용 API, 혹은 개인 프로젝트 API)를 플레이그라운드 툴에 붙여 넣어도 됩니다.

3.1.3 공용 GraphQL API

GraphQL에 익숙해질 수 있는 좋은 방법 중 하나는 바로 공용 API를 사용해 쿼리 작성 연습을 하는 것입니다. 일부 회사와 단체에서는 공용 데이터 쿼리에 사용할 수 있는 GraphiQL 인터페이스를 제공하고 있습니다.

---

2 *https://github.com/prisma/graphql-playground/releases*

SWAPI(스타워즈 API)[3]

GraphQL로 SWAPI REST API 래퍼(wrapper)를 페이스북에서 만들 었습니다.

GitHub API[4]

대규모 공용 GraphQL API 중 하나이며, 깃허브에 있는 실시간 데이 터에 대해 쿼리를 날려 보고 view에 뮤테이션을 가할 수 있는 기능 을 제공합니다. 데이터를 가지고 작업해 보려면 깃허브 계정으로 로 그인해야 합니다.

Yelp[5]

엘프에서는 GraphiQL로 쿼리를 작성할 수 있는 GraphQL API를 제 공해 줍니다. 엘프 개발자 계정이 있어야 엘프 API를 통한 데이터 조 작이 가능합니다.

이 밖의 공용 GraphQL API에 대한 예시는 *https://github.com/APIs-guru/ graphql-apis*에서 찾아보세요.

3.2 GraphQL 쿼리

스노투스(Snowtooth) 산에는 가상의 스키 리조트가 있습니다. 이 장의 진행을 위해 실제로 있는 스키 리조트이고 거기서 일하는 중이라 가정 해 보겠습니다. 스노투스 산의 웹 개발 팀이 GraphQL을 사용해 실시간 으로 최신 리프트와 코스 상태 정보를 어떻게 갱신하고 있는지 알아보 겠습니다. 이 리조트의 스키 안전 요원들은 각자 자신의 핸드폰을 사용 해 리프트와 코스를 제어할 수 있습니다. 이 장의 예제를 따라가려면 스 노투스 GraphQL 플레이그라운드 인터페이스[6]를 참고해 주세요.

쿼리 작업으로 API에 데이터를 요청할 수 있습니다. 쿼리 안에는 GraphQL 서버에서 받고 싶은 데이터를 써 넣습니다. 쿼리를 보낼 때는

---

3 *https://graphql.github.io/swapi-graphql*
4 *https://developer.github.com/v4/explorer*
5 *https://www.yelp.com/developers/graphiql*
6 *http://snowtooth.moonhighway.com*

요청 데이터를 **필드**로 적어 넣습니다. 여기서 필드는 서버에서 받아 오는 JSON 응답 데이터의 필드와 일치합니다. 아래 예시처럼 allLifts 쿼리를 보낼 때 name과 status 필드 요청을 보내면, 돌아오는 JSON 응답에는 allLifts 배열과 각각의 리프트에 대한 name과 status가 들어 있습니다.

```
query {
  allLifts {
    name
    status
  }
}
```

✅ **에러 처리**

정상적인 쿼리를 보내면 data 키가 들어있는 JSON 문서가 응답으로 돌아옵니다. 비정상적인 쿼리에는 응답으로 error 키가 들어 있는 JSON 문서가 돌아옵니다. 이 키의 값으로는 에러에 대한 세부적인 내용이 들어갑니다. data와 error 키가 응답 객체에 동시에 포함된 경우도 있습니다.

쿼리 문서에는 쿼리를 여러 개 추가할 수도 있습니다. 그러나 작업은 한 번에 한 쿼리에 대해서만 이루어집니다. 예를 들어 아래와 같이 쿼리 작업 두 개를 같은 문서에 쓸 수 있습니다.

```
query lifts {
  allLifts {
    name
    status
  }
}

query trails {
  allTrails {
    name
    difficulty
  }
}
```

가운데 재생 버튼을 클릭하면 둘 중 하나의 동작만 선택하는 옵션 메뉴가 뜹니다. 이 데이터를 한 번에 모두 받아 오고 싶으면 같은 쿼리 안에 전부 써 주면 됩니다.

```
query liftsAndTrails {
  liftCount(status: OPEN)
  allLifts {
    name
    status
  }
  allTrails {
    name
    difficulty
  }
}
```

GraphQL의 장점이 여기서 빛을 발합니다. 쿼리 한 번에 여러 종류의 데이터를 모두 받을 수 있습니다. 특정 상태에 따른 liftCount를 요청해 현재 상태가 열림 상태인 리프트의 수를 받는 것으로 시작해, 모든 리프트의 name과 status 그리고 모든 코스의 name, status에 대한 요청까지 전부 하나의 쿼리 안에 넣었습니다.

Query는 GraphQL 타입입니다. 이는 **루트 타입**이라고도 하는데, 타입 하나가 곧 하나의 작업을 수행하며, 작업이 곧 쿼리 문서의 루트를 의미하기 때문입니다. GraphQL API에서 query에 사용할 수 있는 필드는 API 스키마에 정의합니다. API 문서를 보면 Query 타입으로 선택할 수 있는 필드가 나와 있습니다.

문서에 따르면 API로 쿼리를 보낼 때 liftCount, allLifts, allTrails를 필드로 선택할 수 있다고 합니다. 선택 가능한 필드가 더 정의되어 있기는 합니다. 그러나 쿼리 작성 시 중요한 것은 필요한 필드만 요청하는 것입니다.

쿼리를 작성할 때는 필요한 필드를 중괄호로 감쌉니다. 이 중괄호로 묶인 블록을 **셀렉션 세트**(selection set)라고 부릅니다. 그 안에 들어가는 필드는 GraphQL 타입과 직접적으로 연관이 있습니다. liftCount, allLifts, allTrails 필드는 모두 Query 타입 안에 정의되어 있습니다.

셀렉션 세트는 서로 중첩시킬 수 있습니다. allLifts 필드는 Lift 타입 리스트를 반환하므로, Lift 타입에 대한 새로운 셀렉션 세트를 만들기 위해 중괄호를 사용해야 합니다. 하나의 리프트에 대해 요청할 수 있는 데이터의 종류는 많지만 앞의 예제에서는 리프트의 name과 status만 선택했습니다. allTrails 쿼리 역시 이와 비슷한 방식으로 Trail 타입을 반환합니다.

응답으로 돌아오는 JSON에는 쿼리에서 요청한 데이터가 모두 들어 있습니다. 데이터는 JSON 포맷으로 되어 있고, 쿼리의 형태와 똑같은 모양을 하고 있습니다. 각각의 JSON 필드명은 쿼리의 필드명과 동일합니다. 응답 객체의 필드명을 다르게 받고 싶다면, 아래와 같이 쿼리 안의 필드명에 별칭을 부여하면 됩니다.

```
query liftsAndTrails {
  open: liftCount(status: OPEN)
  chairlifts: allLifts {
    liftName: name
    status
  }
  skiSlopes: allTrails {
    name
    difficulty
  }
}
```

아래는 쿼리에 대한 응답 데이터입니다.

```
{
  "data": {
    "open": 5,
    "chairlifts": [
      {
        "liftName": "Astra Express",
        "status": "open"
      }
    ],
    "skiSlopes": [
      {
        "name": "Ditch of Doom",
        "difficulty": "intermediate"
```

```
      }
    ]
  }
}
```

앞의 응답은 쿼리와 형태는 같으나 일부 필드의 이름이 다릅니다. GraphQL 쿼리 결과에 대한 필터링 작업을 하고 싶다면 **쿼리 인자** (query arguments)를 넘기면 됩니다. 쿼리 필드와 관련 있는 키-값 쌍을 하나 이상 인자로 넣을 수 있습니다. 현재 가동 중이 아닌 리프트의 이름만 받고 싶다면 인자를 다음과 같이 넘겨 응답 결과를 필터링하면 됩니다.

```
query closedLifts {
  allLifts(status: CLOSED) {
    name
    status
  }
}
```

쿼리 실행 결과 값은 다음과 같습니다.

```
{
  "data": {
    "allLifts": [
      {
        "name": "Summit",
        "status": "CLOSED"
      },
      {
        "name": "Western States",
        "status": "CLOSED"
      }
    ]
  }
}
```

데이터를 선택하는 용도로 인자를 활용할 수도 있습니다. 예를 들어 개별 리프트의 상태에 대한 쿼리를 작성하고 싶다면, 리프트의 아이디를 사용해 해당 리프트를 선택할 수 있습니다.

```
query jazzCatStatus {
    Lift(id: "jazz-cat") {
        name
        status
        night
        elevationGain
    }
}
```

이러면 '재즈 캣(Jazz Cat)' 리프트의 name, status, night, elevationGain 이 담긴 응답이 돌아옵니다.

3.2.1 엣지와 연결

GraphQL 쿼리어에서 필드는 **스칼라**(scalar) 타입과 **객체**(object) 타입 둘 중 하나에 속하게 됩니다. 스칼라 타입은 다른 프로그래밍 언어에 서 원시 타입과 비슷합니다. 쿼리 셀렉션 세트의 잎(leaves)이 되어 주는 타입입니다. GraphQL에는 다섯 가지 스칼라 타입이 내장되어 있습니다. 정수(Int), 실수(Float), 문자열(String), 불(Boolean) 그리고 고유 식별자(ID) 입니다. 정수와 실수 타입은 JSON 숫자 타입 데이터를 돌려주고, 문자열과 ID 타입은 JSON 문자열 데이터를 돌려줍니다. ID와 String 타입이 같은 JSON 타입 데이터를 반환하기는 하나, GraphQL은 ID 타입이 반드시 유일한 문자열을 반환하도록 되어 있습니다.

GraphQL 객체 타입은 스키마에 정의한 필드를 그룹으로 묶어 둔 것 입니다. 응답으로 반환되어야 할 JSON 객체의 형태를 하고 있습니다. JSON은 필드 안에 객체를 끝없이 중첩할 수 있는데 GraphQL에서도 마 찬가지입니다. 특정 객체가 있을 때, 이와 관련된 객체의 세부 정보를 얻어내는 쿼리를 작성해 이들 객체를 서로 연결할 수 있습니다.

특정 리프트에서 접근할 수 있는 코스 목록을 받아 보고 싶다면 다음 과 같은 코드를 작성합니다.

```
query trailsAccessedByJazzCat {
    Lift(id:"jazz-cat") {
        capacity
        trailAccess {
```

```
        name
        difficulty
    }
  }
}
```

앞의 쿼리는 '재즈 캣' 리프트에 대한 데이터를 요청하는 쿼리입니다. 셀렉션 세트에 capacity 필드가 있는데, 스칼라 타입 데이터입니다. 리프트한 대가 수용할 수 있는 인원수를 정수 형태로 반환합니다. trailAccess 필드는 Trail 타입(객체 타입)입니다. 앞의 예제에서 trailAccess는 많은 코스 정보 중에서 재즈 캣 리프트로 접근할 수 있는 코스 정보만 필터링합니다. trailAccess는 Lift 타입 안에 있는 필드여서 API에서는 부모 객체인 재즈 캣 Lift의 정보를 활용해 특정 코스만 필터링합니다.

앞의 예시는 리프트와 코스 데이터 타입 사이의 **일대다**(one-to-many) 연결 관계에 대한 쿼리입니다. 리프트 한 대는 여러 개의 코스와 연관이 있습니다. Lift 노드에서 그래프 횡단을 시작한다면 trailAccess 엣지로 연결된 Trail 노드를 하나 이상 거치게 됩니다. 그래프가 방향성이 없다면 Trail 노드에서 Lift 노드로 거슬러 올라갈 수도 있어야 합니다.

```
query liftToAccessTrail {
    Trail(id:"dance-fight") {
        groomed
        accessedByLifts {
            name
            capacity
        }
    }
}
```

위 liftToAccessTrail 쿼리는 '댄스 파이트(Dance Fight)'라는 Trail을 타깃으로 정했습니다. groomed 필드는 불 스칼라 타입 데이터를 반환해서, 이 값을 보면 댄스 파이트 코스가 잘 관리가 되고 있는지 알 수 있습니다. accessedByLifts 필드는 스키 타는 사람들을 댄스 파이트 코스까지 데려다 주는 리프트에 대한 정보를 반환해 줍니다.

3.2.2 프래그먼트

GraphQL 쿼리 안에는 각종 작업에 대한 정의와 **프래그먼트**에 대한 정의가 들어갈 수 있습니다. 프래그먼트는 셀렉션 세트의 일종이며, 여러 번 재사용할 수 있습니다. 다음 쿼리를 봅시다.

```
query {
    Lift(id: "jazz-cat") {
        name
        status
        capacity
        night
        elevationGain
        trailAccess {
            name
            difficulty
        }
    }
    Trail(id: "river-run") {
        name
        difficulty
        accessedByLifts {
            name
            status
            capacity
            night
            elevationGain
        }
    }
}
```

재즈 캣 리프트와 '리버 런(River Run)' 코스에 대한 정보를 요청하는 쿼리입니다. Lift의 셀렉션 세트 안에는 name, status, capacity, night, elevationGain이 들어 있습니다. 리버 런 코스에서 얻고자 하는 필드와 Lift 타입에서 필요한 필드 중에 중복되는 것이 있습니다. 이럴 때 프래그먼트로 쿼리에서 중복되는 부분을 줄일 수 있습니다.

```
fragment liftInfo on Lift {
  name
  status
  capacity
```

```
  night
  elevationGain
}
```

프래그먼트는 fragment 식별자를 사용하여 만듭니다. 프래그먼트는 특정 타입에 대한 셀렉션 세트이므로, 어떤 타입에 대한 프래그먼트인지 정의에 꼭 써줘야 합니다. 앞의 예시에서는 프래그먼트를 liftInfo라고 명명했으며, Lift 타입에 대한 셀렉션 세트입니다.

liftInfo 프래그먼트 필드를 다른 셀렉션 세트에 추가하려면 프래그 먼트 이름 앞에 점 세 개를 찍어 주면 됩니다.

```
query {
    Lift(id: "jazz-cat") {
      ...liftInfo
      trailAccess {
        name
        difficulty
      }
    }
    Trail(id: "river-run") {
      name
      difficulty
      accessedByLifts {
        ...liftInfo
      }
    }
}
```

자바스크립트의 spread 연산자와 비슷해 보이는 구문입니다. 용도도 둘 다 비슷하게 키와 값을 한 객체에서 다른 객체로 할당하고자 할 때 사용합니다. 위 예시는 프래그먼트를 하나만 사용해 쿼리 안의 두 곳에서 name, status, capacity, night, elevationGain을 선택할 수 있었습니다.

liftInfo 프래그먼트를 Trail 안에 넣는 것은 불가능합니다. 왜냐하면 프래그먼트는 Lift 타입에 속하는 필드만 사용할 수 있기 때문입니다. 코스 데이터용으로 프래그먼트를 하나 더 만들어 봅시다.

```
query {
    Lift(id: "jazz-cat") {
```

```
            ...liftInfo
        trailAccess {
          ...trailInfo
        }
      }
      Trail(id: "river-run") {
          ...trailInfo
          groomed
          trees
          night
      }
}

fragment trailInfo on Trail {
  name
  difficulty
  accessedByLifts {
    ...liftInfo
  }
}

fragment liftInfo on Lift {
  name
  status
  capacity
  night
  elevationGain
}
```

trailInfo 프래그먼트를 만들어서 쿼리 안의 두 군데에서 사용했습니다. 코스까지 운행하는 리프트 정보를 얻어 오고자 trailInfo 프래그먼트 안에서 liftInfo 프래그먼트를 사용했습니다. 프래그먼트는 원하는 만큼 얼마든지 많이 만들어서 여기저기 사용할 수 있습니다. 리버 런 (river-run) 코스 정보를 받아 오기 위해 리버 런 Trail 쿼리의 셀렉션 세트 안에 프래그먼트와 필드를 추가로 같이 사용했습니다. 이처럼 셀렉션 세트 안에 프래그먼트를 다른 필드와 함께 쓸 수도 있습니다. 같은 타입에 대한 프래그먼트를 여러 개 쓸 수도 있습니다.

```
query {
  allTrails {
    ...trailStatus
```

```
    ...trailDetails
  }
}

fragment trailStatus on Trail {
  name
  status
}

fragment trailDetails on Trail {
  groomed
  trees
  night
}
```

한차례의 수정으로 여러 쿼리의 셀렉션 세트를 한 번에 바꿀 수 있다는 것이 프래그먼트의 장점입니다.

```
fragment liftInfo on Lift {
  name
  status
}
```

위처럼 liftInfo 프래그먼트를 변경하면 해당 프래그먼트를 사용하는 쿼리가 반환하는 데이터의 양이 줄어듭니다.

유니언 타입

객체 리스트를 반환하는 방법은 이미 봤는데, 이들은 모두 한 가지 타입만 리스트로 반환합니다. 타입 여러 개를 한 번에 리스트에 담아 반환하고 싶다면 **유니언 타입**(union type)을 만들면 됩니다. 두 가지 타입을 하나의 집합으로 묶는 것입니다.

대학생을 타깃으로 한 일정 앱을 만들고 있다고 가정해 봅시다. 일정에는 Workout과 StudyGroup 이벤트를 추가할 예정입니다. 샘플 앱을 보고 싶다면 *https://www.graphqlbin.com/v2/ANgjtr*[7]에 들어가 보세요.

---

7   (옮긴이) 작동하지 않으면 *https://github.com/gratiaa/union_types_example*에서 소스를 받아 로컬에서 실행해 보세요.

GraphQL 플레이그라운드 문서를 보면 AgendaItem이 유니언 타입으로 나옵니다. 여러 타입을 한 번에 반환한다는 뜻입니다. 더 자세하게 말하자면 AgendaItem은 Workout 또는 StudyGroup 타입을 반환합니다. 이 두 타입은 학생들의 일정입니다

일정 관련 쿼리를 작성할 때 프래그먼트를 사용하면 AgendaItem이 Workout일 때와 AgendaItem이 StudyGroup일 때 특정 필드만 선택되도록 만들 수 있습니다.

```
query schedule {
    agenda {
    ...on Workout {
      name
      reps
    }
    ...on StudyGroup {
      name
      subject
      students
    }
  }
}
```

응답은 아래와 같습니다.

```
{
  "data": {
    "agenda": [
      {
        "name": "Comp Sci",
        "subject": "Computer Science",
        "students": 12
      },
      {
        "name": "Cardio",
        "reps": 100
      },
      {
        "name": "Poets",
        "subject": "English 101",
        "students": 3
      },
      {
```

```
      "name": "Math Whiz",
      "subject": "Mathematics",
      "students": 12
    },
    {
      "name": "Upper Body",
      "reps": 10
    },
    {
      "name": "Lower Body",
      "reps": 20
    }
  ]
  }
}
```

여기서 사용한 것은 **인라인 프래그먼트**(inline fragment)입니다. 인라인 프래그먼트는 이름이 없습니다. 쿼리 안에서 특정 타입을 바로 셀렉션 세트에 넣어버립니다. 유니언 타입에서 여러 타입의 객체를 반환할 때, 각각의 객체가 어떤 필드를 반환할 것인지 정할 때 인라인 프래그먼트를 사용합니다. Workout 인라인 프래그먼트는 Workout 객체가 반환될 때 name과 reps를 가지도록 합니다. StudyGroup 인라인 프래그먼트는 StudyGroup 객체가 반환될 때 name, subject, students 필드를 지니도록 만듭니다. agenda는 배열의 형태로 반환되며 두 가지 객체 타입을 지니게 됩니다.

이름 붙은 프래그먼트를 사용해 유니언 타입 쿼리를 작성할 수도 있습니다.

```
query today {
    agenda {
    ...workout
    ...study
  }
}

fragment workout on Workout {
  name
  reps
}
```

```
fragment study on StudyGroup {
  name
  subject
  students
}
```

인터페이스

인터페이스(interface)는 필드 하나로 객체 타입을 여러 개 반환할 때 사용합니다. 추상적인 타입이며, 유사한 객체 타입을 만들 때 구현해야 하는 필드 리스트를 모아둔 것입니다. 인터페이스를 가지고 타입을 구현할 때는 인터페이스에 정의된 필드는 모두 넣어야 하고, 몇 가지 고유한 필드도 추가로 넣을 수 있습니다. 예시는 GraphQL Bin[8]에 올라와 있으니 예시를 따라 할 때 참고하세요.

GraphQL 플레이그라운드 문서에 따르자면 agenda 필드의 항목은 ScheduleItem 인터페이스를 반환한다고 합니다. 여기에는 name, start 시간, end 시간 필드가 정의되어 있습니다. 이들은 모두 ScheduleItem 인터페이스를 사용하여 만든 객체 타입에 정의되어 있어야 합니다.

그리고 StudyGroup과 Workout 타입이 이 인터페이스를 바탕으로 만들어졌다고 문서에 나와 있습니다. 따라서 두 타입 모두 name, start, end 필드를 가지고 있어야 합니다.

```
query schedule {
  agenda {
    name
    start
    end
  }
}
```

schedule 쿼리에서 agenda 필드가 반환하는 타입 종류의 개수는 중요하지 않습니다. 학생들에게 장소와 시간에 관한 일정만 짜주면 되므로 일

---

8 *https://www.graphqlbin.com/v2/yoyPfz*
(옮긴이) 작동하지 않으면 *https://github.com/gratiaa/interface_example*에서 소스를 받아 로컬에서 실행해 보세요.

정 이름, 시작 시각, 종료 시각에 대한 정보만 들어가면 됩니다.

프래그먼트를 사용하면 특정 객체 타입이 반환될 때, 필드가 더 들어
갈 수 있게 인터페이스 관련 쿼리를 작성할 수 있습니다.

```
query schedule {
  agenda {
    name
    start
    end
    ...on Workout {
      reps
    }
  }
}
```

schedule 쿼리를 수정하여 ScheduleItem이 Workout일 때 reps 필드를
추가로 요청하도록 했습니다.

3.3 뮤테이션

지금까지 데이터를 읽는 방법에 관해 많이 다루어 보았습니다. 쿼리는
GraphQL에서 일어나는 모든 '읽기' 행위에 관한 기술입니다. 데이터를
새로 쓰려면 **뮤테이션**(mutation)해야 합니다. 데이터를 뮤테이션하는
방법은 쿼리를 작성하는 방법과 비슷하며, 이름을 붙여야 합니다. 객체
타입이나 스칼라 타입의 반환 값을 가지는 셀렉션 세트가 들어갑니다.
다만 쿼리와 다른 점은 데이터를 뮤테이션하면 백엔드 데이터에 영향을
준다는 것입니다.

위험한 데이터 뮤테이션의 예를 들자면 다음과 같습니다.

```
mutation burnItDown {
  deleteAllData
}
```

Mutation은 루트 객체 타입입니다. API 스키마에는 뮤테이션 타입에서
사용할 수 있는 필드를 정의해 둡니다. 위 예제의 API에는 클라이언트

데이터를 모두 지워버리는 위력을 지닌 deleteAllData라는 필드를 사용했습니다. 이 필드는 데이터가 모두 잘 지워지면 true 스칼라 타입을 반환하는데, 일이 이렇게 되었다면 이직 준비를 하시는 편이 좋습니다. 사제하다 무언가 잘못되다면 false가 반환되는데, 그래도 역시 새 직장을 알아보셔야 할 겁니다. 데이터를 실제로 삭제할지 여부는 API를 만들 때 정할 수 있는데, 이에 대해서는 5장에서 다루도록 하겠습니다.

다른 뮤테이션을 봅시다. 이번에는 뭔가 지워버리는 대신에 만들어 보겠습니다.

```
mutation createSong {
  addSong(title:"No Scrubs", numberOne: true, performerName:"TLC") {
    id
    title
    numberOne
  }
}
```

새로운 음악 데이터를 생성하는 예제입니다. title, numberOne 여부, performerName이 뮤테이션에 인자로 넘어가므로 여기서 만들어진 새 음악 데이터가 데이터베이스에 추가될 것임을 예상할 수 있습니다. 만약 뮤테이션 필드가 객체를 반환하도록 만들려면 셀렉션 세트를 추가해야 합니다. 예제의 경우에는 음악 데이터 생성이 완료되면 뮤테이션은 Song 타입의 객체를 반환합니다. 그러면 뮤테이션 실행이 완료된 후 id, title, 신곡의 numberOne 여부를 받아 볼 수 있습니다.

```
{
  "data": {
    "addSong": {
      "id": "5aca534f4bb1de07cb6d73ae",
      "title": "No Scrubs",
      "numberOne": true
    }
  }
}
```

뮤테이션이 실행된 후 응답으로 돌아오는 샘플 데이터입니다. 작업이 무언가 잘못되면 새로운 Song 객체 대신에 에러가 담긴 JSON 응답이 반환됩니다.

뮤테이션으로 기존 데이터 변경도 가능합니다. 스노투스 리프트의 상태를 바꾸고 싶다면 다음과 같은 뮤테이션을 작성합니다.

```
mutation closeLift {
    setLiftStatus(id: "jazz-cat", status: CLOSED) {
      name
      status
  }
}
```

재즈 캣 리프트를 개시에서 닫힘 상태로 바꾸는 뮤테이션입니다. 뮤테이션 작업이 끝나면, 셀렉션 세트에 들어가서 변경된 Lift 타입의 관련 필드를 받을 수 있습니다. 이 예제의 경우 status가 변경된 리프트의 name을 받습니다.

3.3.1 쿼리 변수 사용하기

지금까지 새 문자열 값을 뮤테이션의 인자로 넘겨 데이터 변경 작업을 했습니다. 변수를 사용해도 같은 결과를 얻을 수 있습니다. 쿼리에 있는 정적(static) 값을 변수로 대체하여 계속해서 바뀌는 동적인(dynamic) 값을 넣을 수도 있습니다. addSong 뮤테이션 예제를 다시 봅시다. 문자열로 작업하는 대신에 변수명을 사용해 보세요. GraphQL은 언제나 변수명 앞에 $ 문자가 붙습니다.

```
mutation createSong($title:String! $numberOne:Int $by:String!) {
  addSong(title:$title, numberOne:$numberOne, performerName:$by) {
    id
    title
    numberOne
  }
}
```

정적 값을 빼고 $변수를 그 자리에 썼습니다. 그리고 뮤테이션이 $변수를 받을 수 있다고 했습니다. 이때 인자명과 $변수 이름을 각각 대응시킵니다. GraphiQL이나 플레이그라운드를 보면 쿼리 변수용 창이 따로 있습니다. 이 창에 입력 데이터를 JSON 객체 형식으로 보내면 됩니다. JSON 키에 변수명을 정확히 써 주세요.

```
{
  "title": "No Scrubs",
  "numberOne": true,
  "by": "TLC"
}
```

변수는 인자 데이터를 보낼 때 굉장히 유용합니다. 테스트할 때 뮤테이션을 깔끔하게 관리하는 데 도움이 될 뿐만 아니라, 클라이언트 인터페이스와 연결하는 경우에도 매우 유용하게 사용할 수 있습니다.

3.4 서브스크립션

서브스크립션(subscription) 구독은 GraphQL에서 수행할 수 있는 세 번째 작업 타입입니다. 서버에서 푸시 중인 업데이트의 내역을 실시간으로 클라이언트에서 받아야 할 때가 있습니다. 데이터 서브스크립션을 하면 GraphQL API를 사용해 실시간 데이터 변경 내용을 받을 수 있습니다.

이 기능은 실제 페이스북에서 사용되던 것을 바탕으로 만들어졌습니다. 개발 팀에서는 웹 페이지를 새로 고침 하지 않고 포스트의 '좋아요' 수를 실시간으로 사용자에게 보여줄 방법(일명 '실시간 좋아요(Live Likes)')을 찾고 있었습니다. '실시간 좋아요'는 데이터 서브스크립션 기능을 실제 제품에 적용한 사례입니다. 모든 클라이언트가 '좋아요' 이벤트를 구독하게 하고 실시간으로 '좋아요' 수가 업데이트되는 것을 볼 수 있도록 만들었습니다.

뮤테이션과 쿼리처럼 서브스크립션도 루트 타입이 있습니다. 클라이언트에서 받을 수 있는 데이터 변경 내용은 subscription 타입 아래 필드로 정의되어 API 스키마에 들어갑니다. GraphQL 서브스크립션 코드 작성법은 다른 작업 코드 작성법과 비슷합니다.

스노투스를 예로 들면 아무 리프트나 선택하여 이 리프트의 상태 변경 내용을 구독하는 작업문을 작성해 볼 수 있습니다.

```
subscription {
  liftStatusChange {
    name
    capacity
    status
  }
}
```

서브스크립션이 시작되면 웹소켓으로 리프트 상태 변경 내용을 받아 봅니다. 그러나 GraphQL 플레이그라운드의 재생 버튼을 눌러도 바로 데이터가 반환되지는 않습니다. 일단 서브스크립션 요청이 서버로 전송되면 받는 쪽에서 데이터의 변경 사항 여부를 듣기 시작할 뿐입니다.

서브스크립션 대상 데이터의 변경 내용을 포착하고 싶다면 일단 다른 곳에서 데이터를 바꿔야 합니다. 새 창이나 새 탭을 열어서 뮤테이션으로 데이터를 바꿔 봅시다. 일단 한 GraphQL 플레이그라운드에서 서브스크립션을 실행한 상태라면 그 탭, 혹은 그 창에서는 더는 다른 명령을 내릴 수 없습니다. GraphiQL을 사용해 서브스크립션했다면 다른 브라우저 창을 띄워 GrpahiQL 인터페이스에 접속합니다. GraphQL 플레이그라운드의 경우에는 새 탭을 추가해 뮤테이션을 작성하면 됩니다.

새 창, 혹은 새 탭에서 리프트의 상태를 바꾸는 뮤테이션을 실행해 봅시다.

```
mutation closeLift {
  setLiftStatus(id: "astra-express", status: HOLD) {
    name
    status
  }
}
```

뮤테이션을 실행하면 '아스트라 익스프레스(Astra Express)'의 상태 값이 변경되므로 이 리프트의 name, capacity, status 값이 서브스크립션에 전송됩니다. 아스트라 익스프레스는 맨 마지막으로 변경한 리프트이며 해당 리프트의 상태가 받는 쪽으로 푸시됩니다.

두 번째 리프트의 상태를 바꿔 봅시다. '월리버드(Whirlybird)' 리프트를 닫힘 상태로 바꿔 보세요. 그러면 서브스크립션 중인 곳으로도 해당 리프트의 상태 변경 내용이 전송됩니다. GraphQL 플레이그라운드를 사용하면 전송된 데이터들을 시간에 따른 순서로 볼 수 있습니다.

쿼리와 뮤테이션과는 달리, 서브스크립션은 일회성으로 끝나지 않고 계속 열려 있게 됩니다. 리프트의 상태에 변경이 생길 때마다 받는 쪽으로 새로운 데이터가 푸시됩니다. 상태 변경 알림을 그만 받아 보고 싶으면 이를 해지해야 합니다. GraphQL 플레이그라운드 툴에서는 가운데 멈춤 버튼을 눌러 간단하게 해지할 수 있습니다. GraphiQL 툴에서는 유감스럽게도 서브스크립션이 실행 중인 브라우저 탭을 닫아야 해지가 가능합니다.

3.5 인트로스펙션

인트로스펙션(introspection)은 GraphQL에서 제공하는 강력한 기능으로, 이를 사용하면 현재 API 스키마의 세부 사항에 관한 쿼리를 작성할 수 있습니다. 이 덕분에 GraphQL 플레이그라운드 인터페이스에서 솜씨 좋게 GraphQL 문서를 보여 줄 수 있는 것입니다.

GraphQL API 인트로스펙션 쿼리를 사용하면 주어진 API 스키마를 통해 어떤 데이터를 반환받을 수 있는지 조사할 수 있습니다. 예를 들어 스노투스에서 어떤 GraphQL 타입을 사용할 수 있는지 알고 싶다면 __schema 쿼리를 실행하여 정보를 받습니다.

```
query {
  __schema {
    types {
      name
      description
    }
  }
}
```

이 쿼리를 실행하면 API에서 사용할 수 있는 타입을 모두 볼 수 있습니다. 루트 타입, 커스텀 타입, 심지어 스칼라 타입까지 나옵니다. 특정 타입에 관한 세부 사항만 보고 싶다면 __type 쿼리에 타입명을 인자로 넘기고 작성해 실행하면 됩니다.

```
query liftDetails {
  __type(name:"Lift") {
    name
    fields {
      name
      description
      type {
        name
      }
    }
  }
}
```

이 쿼리로 Lift 타입 관련 쿼리를 작성할 때 넣을 수 있는 필드 정보를 받아 볼 수 있습니다. GraphQL API를 처음 사용할 때는 루트 타입에서 사용할 수 있는 필드가 무엇이 있는지 알아 보는 편이 좋습니다.

```
query roots {
  __schema {
    queryType {
      ...typeFields
    }
    mutationType {
      ...typeFields
    }
    subscriptionType {
      ...typeFields
    }
  }
}

fragment typeFields on __Type {
  name
  fields {
    name
  }
}
```

인트로스펙션 쿼리문은 GraphQL 쿼리 언어의 규칙을 따릅니다. 따라서 프래그먼트를 사용하여 쿼리문 안의 중복되는 부분을 없앨 수 있습니다. 예제에서는 타입명과 각각의 루트 타입에서 사용할 수 있는 필드에 대한 쿼리를 작성해 보았습니다. 클라이언트에서 인트로스펙션 기능을 사용하면 현재 API 스키마의 동작 방식을 알아 볼 수 있습니다.

3.6 추상 구문 트리

쿼리 문서는 문자열로 이루어져 있습니다. GraphQL API로 쿼리를 보낼 때, 문자열은 **추상 구문 트리**(abstract syntax tree)로 파싱되어 명령 실행 전에 유효성 검사를 거칩니다. 추상 구문 트리, 줄여서 AST는 계층 구조를 지닌 객체로 쿼리를 표현하는 데 사용합니다. AST는 객체이며 GraphQL 쿼리에 관한 부가 정보 필드가 중첩된 구조로 들어갑니다.

첫 번째로 거치는 작업은 문자열을 더 작은 여러 개의 조각으로 쪼개어 분석하는 작업입니다. 키워드, 인자, 심지어 괄호나 콜론까지 하나하나 독립적인 토큰으로 분해됩니다. 이 과정은 **어휘화**(lexing), 또는 **어휘 분석**(lexical analysis)이라고 불립니다. 쿼리가 어휘화 과정을 거친 뒤에는 AST로 가공되는 일이 남았습니다. 쿼리를 AST로 만들면 수정과 유효성 검사가 더 쉬워집니다.

쿼리는 처음에는 GraphQL '문서'로 시작합니다. 쿼리에는 최소한 정의(definition)가 하나 이상 들어가며, 여러 개의 정의가 리스트로 들어 있을 수도 있습니다. 정의는 두 타입이 있는데, 하나는 OperationDefinition이고, 다른 하나는 FragmentDefinition입니다. 다음 예시는 세 가지의 정의가 들어 있는 문서입니다. 데이터 작업 정의가 두 개, 프래그먼트 정의는 한 개 들어 있습니다.

```
query jazzCatStatus {
  Lift(id: "jazz-cat") {
    name
    night
    elevationGain
    trailAccess {
```

```
      name
      difficulty
    }
  }
}

mutation closeLift($lift: ID!) {
  setLiftStatus(id: $lift, status: CLOSED ) {
    ...liftStatus
  }
}

fragment liftStatus on Lift {
  name
  status
}
```

OperationDefinition에는 mutation, query, subscription 작업 타입만 들 어갈 수 있습니다. 각 작업 정의에는 OperationType과 SelectionSet가 들어갑니다.

각 작업 정의에는 중괄호 안에 SelectionSet가 들어갑니다. 여기 안 에 들어가는 필드가 인자를 받아 쿼리 작업이 진행되는 실제 필드입니 다. 예를 들어 Lift 필드는 jazzCatStatus 쿼리의 SelectionSet이고, SetLiftStatus 필드는 closeLift 뮤테이션의 SelectionSet입니다.

SelectionSet는 중첩시킬 수 있는데, jazzCatStatus 쿼리엔 Selection Set가 세 번 중첩되어 있습니다. 쿼리 바로 밑에 들어간 SelectionSet 에는 name, night, elevationGain, trailAccess 필드가 들어 있습니다. trailAccess 필드 밑에는 또 다른 SelectionSet가 들어가는데, 여기에 는 name과 각 코스에 대한 difficulty 필드가 들어갑니다.

GraphQL은 AST를 횡단하며 GraphQL 언어와 현재 스키마와 비교 해 유효성 검사를 실시합니다. 쿼리어 구문에 오류가 없고 요청에서 요 구한대로 스키마에 필드와 타입이 다 들어 있다면 작업이 실행됩니다. 그렇지 않다면 특정 에러가 반환됩니다.

덧붙이자면 AST 객체는 문자열보다 수정하기 쉽습니다. jazzCatStatus 쿼리에 운행 중인 리프트 수를 추가하고 싶으면 AST를 직접 수정하면 됩니다. SelectionSet를 작업에 추가만 하면 할 일이 끝납니다. AST는 GraphQL의 핵심적인 부분을 담당하고 있습니다. 모든 작업은 AST로 가공되어 유효성 검사 과정을 거치고 실행됩니다.

이 장에서는 GraphQL 쿼리 언어에 대해 배웠습니다. GraphQL 서비스를 사용할 때 이 언어를 사용하면 됩니다. 그러나 특정 GraphQL 서비스에서 사용할 수 있는 작업과 필드를 미리 정의해 두지 않고서는 쿼리 언어를 사용할 수가 없습니다. 이때 이 특별한 정의를 **GraphQL 스키마**(schema)라고 합니다. 다음 장에서는 스키마를 만드는 방법을 자세히 알아보겠습니다.

4장

스키마 설계하기

GraphQL을 사용하면 API 설계 과정이 바뀔 수도 있습니다. API가 REST 엔드포인트의 집합이 아니라 타입 집합으로 보이게 됩니다. 그러나 GraphQL API를 만들기 전에 우선적으로 할 일이 있습니다. API에서 반환할 데이터 타입에 대해 생각해 보고, 같이 이야기를 나누어 보고, 이를 제대로 정의해 두는 일입니다. 이러한 데이터 타입의 집합을 **스키마**라고 부릅니다.

스키마 우선주의(Schema First)는 디자인 방법론의 일종입니다. 이를 사용하면 모든 팀원이 애플리케이션 안의 데이터 타입을 같은 선상에서 이해할 수 있습니다. 백엔드 팀은 스키마를 보고 어떤 데이터를 저장하고 전달해야 하는지 정확히 이해할 수 있습니다. 프론트엔드 팀은 사용자 인터페이스 작업을 할 때 필요한 데이터를 정의할 수 있습니다. 팀원들이 확실히 정의된 용어를 가지고 만들고 있는 시스템에 대해 토의해 볼 수 있습니다. 한 마디로 말하면, 모두가 일을 시작할 수 있습니다.

GraphQL은 스키마 정의를 위해 **SDL**(Schema Definition Language, 스키마 정의 언어)를 지원합니다. 쿼리 언어처럼 SDL 역시 애플리케이션에서 사용 중인 프로그래밍 언어나 프레임워크와는 상관없이, 사용법이 항상 동일합니다. GraphQL 스키마 문서는 애플리케이션에서 사용할 타입을 정의해 둔 텍스트 문서입니다. 여기서 정의한 타입은 나중에 클라이언트와 서버에서 GraphQL 요청에 대한 유효성 검사를 할 때 사용됩니다.

이 장에서는 GraphQL SDL에 대해 알아 보고, 사진 공유 애플리케이션에서 사용할 스키마를 만들어 보겠습니다.

4.1 타입 정의하기

GraphQL 타입과 스키마를 공부하는 가장 좋은 방법은 직접 만들어 보는 것입니다. 예시로 만들 사진 공유 애플리케이션은 사용자가 깃허브 계정으로 로그인하여 사진을 게시하고 사진에 사람을 태그할 수 있는 기능이 있습니다. 사용자와 게시물 관리는 거의 모든 유형의 인터넷 애플리케이션에서 핵심적인 기능입니다.

사진 공유 애플리케이션의 주요 타입은 User와 Photo입니다. 이제 이에 대한 스키마를 만들어 보겠습니다.

4.1.1 타입

타입(type)이 GraphQL의 핵심 단위입니다. GraphQL에서 타입은 커스텀 객체이며 이를 보고 애플리케이션의 핵심 기능을 알 수 있습니다. 예를 들어 소셜 미디어 애플리케이션은 Users와 Posts로 구성됩니다. 블로그라면 Categories와 Articles로 구성됩니다. 타입은 애플리케이션 데이터를 상징합니다.

트위터를 처음부터 만든다고 하면, Post에는 사용자가 널리 알리고자 하는 텍스트가 들어갑니다. (이 경우에는 Tweet이 타입에 더 적절한 이름 같습니다.) 스냅챗 서비스를 만든다고 하면, Post에는 이미지가 들어갑니다. 그리고 Post보다는 Snap이 더 적절한 타입명일 것 같습니다. 스키마를 정의한다는 것은 곧 팀에서 도메인 객체에 관해 이야기할 때 사용할 공통의 언어를 정의하는 것과 같습니다.

타입에는 **필드**(field)가 들어갑니다. 필드는 각 객체의 데이터와 관련이 있습니다. 각각의 필드는 특정 종류의 데이터를 반환합니다. 정수나 문자열을 반환하기도 하고, 커스텀 객체 타입이나 여러 개의 타입을 리스트로 묶어 반환하기도 합니다.

스키마에는 타입 정의를 모아 둡니다. 스키마는 자바스크립트 파일에 문자열로 작성하거나, 따로 텍스트 파일로 작성해 둘 수도 있습니다. 텍스트 파일의 주요 확장자는 .graphql입니다.

스키마 파일에 첫 GraphQL 객체 타입을 정의해 봅시다. Photo 타입입니다.

```
type Photo {
  id: ID!
  name: String!
  url: String!
  description: String
}
```

중괄호 사이에 Photo 타입의 필드를 정의했습니다. Photo 타입의 url 필드에는 이미지 파일 경로가 들어갑니다. name과 description 필드를 사용해 Photo 타입에 대한 메타데이터 정보를 넣습니다. 마지막으로 id 필드가 있는데, 이는 사진에 접근할 때 키 값으로 사용할 수 있습니다.

각 필드에는 특정 타입의 데이터가 들어갑니다. 지금까지 Photo 타입을 직접 만들어 보았는데, GraphQL에는 이런 커스텀 타입뿐 아니라 스칼라 타입도 미리 내장되어 있습니다. description, name, url 필드는 String 스칼라 타입을 사용해 만든 필드입니다. 필드 쿼리 요청을 보냈을 때 돌아오는 응답 데이터의 형식은 JSON 문자열입니다. 필드에 붙은 느낌표는 필드에서 'null 값을 허용하지 않음(non-nullable)'을 뜻합니다. name과 url 필드는 쿼리가 왔을 때 반드시 데이터를 반환해야 합니다. description은 'null 값이 허용되므로(nullable)', 사진 설명은 필수 값이 아닙니다. 해당 필드에 대한 쿼리에는 null 값을 반환해도 됩니다.

Photo의 id 필드에는 각 사진에 대한 고유 식별자가 들어갑니다. GraphQL에서 ID 스칼라 타입은 고유 식별자 값이 반환되어야 하는 곳에 쓰면 됩니다. JSON에 담기는 id 필드 반환 값은 문자열 타입이지만, 고유한 값인지 유효성 검사를 받습니다.

4.1.2 스칼라 타입

GraphQL의 내장 스칼라 타입(Int, Float, String, Boolean, ID)은 무척
유용하기는 하나, 스칼라 타입을 직접 만들고 싶은 경우도 있습니다. 스
칼라 타입은 객체 타입이 아니기 때문에 필드를 가지지는 않습니다. 하
지만 커스텀 스칼라 타입의 유효성 검사 방식을 지정할 수 있습니다. 예
를 들면 다음과 같습니다.

```
scalar DateTime

type Photo {
  id: ID!
  name: String!
  url: String!
  description: String
  created: DateTime!
}
```

커스텀 스칼라 타입인 DateTime을 만들었습니다. 이제 각 사진이 언제
created(생성)되었는지 식별할 수 있습니다. DateTime으로 지정된 필
드는 JSON 문자열이 값으로 반환됩니다. 하지만 커스텀 스칼라 타입을
사용하면 반환 문자열 값이 직렬화와 유효성 검사 과정을 거쳤는지, 공
식 날짜 및 시간으로 형식이 맞춰졌는지 검사할 수 있습니다.

따라서 앞으로 유효성 검사가 필요한 타입에는 커스텀 스칼라 타입을
사용하면 됩니다.

---

 graphql-custom-type[1]은 Node.js GraphQL 서비스에서 자주 사용할 법한
커스텀 스칼라 타입을 모아 둔 npm 패키지입니다.

4.1.3 열거 타입

열거 타입(enumeration type)은 스칼라 타입에 속하며, 필드에서 반환
하는 문자열 값을 세트로 미리 지정해 둘 수 있습니다. 따라서 미리 정

---

1   (옮긴이) npm 패키지 주소는 *https://www.npmjs.com/package/graphql-custom-types*입니다.

의해 둔 세트에 속하는 값만 필드에서 반환하도록 만들고 싶다면 열거
(enum) 타입을 사용하면 됩니다.

PhotoCategory라는 enum 타입을 만들어 보겠습니다. 이 타입으로 만
든 필드는 SELFIE, PORTRAIT, ACTION, LANDSCAPE, GRAPHIC 중 하나만 값
으로 반환할 수 있습니다.

```
enum PhotoCategory {
  SELFIE
  PORTRAIT
  ACTION
  LANDSCAPE
  GRAPHIC
}
```

이제 필드를 열거 타입으로 만들겠습니다. Photo 객체 타입에 category
필드를 추가합니다.

```
type Photo {
  id: ID!
  name: String!
  url: String!
  description: String
  created: DateTime!
  category: PhotoCategory!
}
```

타입에 category 필드를 추가했습니다. 나중에 카테고리 필드에 대한 요
청이 발생하면 미리 정의해 둔 다섯 가지 값 중에 하나가 반환될 것입니다.

 개발 언어의 열거 타입 지원 여부는 걱정하지 않으셔도 됩니다. 언어와 상관없
이 사용할 수 있습니다.

4.2 연결과 리스트

GraphQL 스키마 필드에서는 GraphQL 타입이 담긴 리스트 반환도 가능
합니다. 리스트는 GraphQL 타입을 대괄호로 감싸서 만듭니다. [String]
은 문자열 리스트를 정의한 것이고, [PhotoCategory]는 사진 카테고리

리스트를 정의한 것입니다. '3.2절 GraphQL 쿼리'에서 봤듯이 union이
나 interface 타입을 사용하면 리스트에 여러 개의 타입을 한 번에 담을
수도 있습니다. 이 장의 뒷부분에서 더 자세하게 다룹니다.

가끔은 느낌표 때문에 리스트를 정의하기 살짝 까다로울 수 있습니
다. 닫는 대괄호 다음에 느낌표를 쓰면 필드에서 null 값을 반환할 수
없음(non-nullable)을 뜻합니다. 느낌표가 닫는 대괄호 앞에 오면 리스
트에 담긴 값 자체가 null 값이 될 수 없습니다. 느낌표가 붙은 부분은
필수 값이 되고 null 값을 반환할 수 없습니다. 표 4-1에 여러 상황을 정
리해 두었습니다.

표 4-1 리스트 null 적용 규칙

리스트 선언	정의
[Int]	리스트 안에 담긴 정수 값은 null이 될 수 있다.
[Int!]	리스트 안에 담긴 정수 값은 null이 될 수 없다.
[Int]!	리스트 안의 정수 값은 null이 될 수 있으나, 리스트 자체는 null이 될 수 없다.
[Int!]!	리스트 안의 정수 값은 null이 될 수 없고, 리스트 자체도 null이 될 수 없다.

리스트 안에 담기는 값은 대부분 null이 될 수 없으며, 리스트 자체도
null이 될 수 없는 경우가 대다수입니다. 리스트 안의 값이 null을 허용
하는 경우가 드물기 때문입니다. 따라서 리스트 안의 값 중에서 null을
걸러내는 작업을 가장 먼저 해야 합니다. 리스트에 값이 전혀 없다면 그
냥 [] 같이 빈 JSON 배열을 반환하면 됩니다. 빈 배열은 엄밀히 말하자
면 null이 아닙니다. 그냥 아무 값도 들어 있지 않은 배열입니다.

데이터와 데이터 사이의 관계 정립이 자유로우며, 데이터를 요청할 때
이와 연관된 데이터의 필드까지 요청할 수 있는 쿼리 기능은 GraphQL
의 핵심적인 부분입니다. 이 기능을 사용해 직접 객체 타입 리스트를 만
들 때 객체를 서로 연결시킬 수 있습니다.

이 절에서는 리스트를 가지고 객체 타입을 연결하는 법에 대해 알아
봅니다.

4.2.1 일대일 연결

커스텀 객체 타입으로 필드를 만들면 두 객체가 서로 연결됩니다. 그래
프 이론에 의하면 두 객체 사이의 연결, 혹은 링크를 일컬어 **엣지**(edge)
라고 합니다. 첫 번째 소개할 연결 타입은 일대일 연결로, 하나의 객체
타입이 또 다른 객체 타입과 서로 연결됩니다.

사진은 사용자가 게시하므로, 시스템상의 모든 사진에는 게시자와
사진 사이를 연결해 주는 엣지 정보가 들어 있어야 합니다. 그림 4-1에
Photo와 User 사이의 단방향 관계가 그려져 있습니다. 두 노드를 이어
주는 엣지는 postedBy라고 합니다.

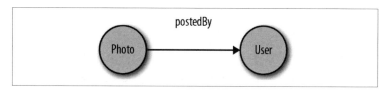

그림 4-1 일대일 관계

이는 스키마에서 다음과 같이 정의합니다.

```
type User {
  githubLogin: ID!
  name: String
  avatar: String
}

type Photo {
  id: ID!
  name: String!
  url: String!
  description: String
  created: DateTime!
  category: PhotoCategory!
  postedBy: User!
}
```

먼저 스키마에 User 타입을 새로 추가합니다. 사진 공유 앱 사용자는 깃
허브를 통해 로그인합니다. 사용자가 로그인하면 githubLogin 여부를
알 수 있는데, 이를 사용자 정보 식별자로 사용합니다. 추가로 사용자들

이 깃허브에 이름이나 사진을 추가하면 이 정보는 name과 avatar 필드에 저장됩니다.

그 다음 사진 객체에 postedBy 필드를 추가해 관계를 표시했습니다. 사진은 반드시 게시자가 있으므로 User! 타입으로 필드를 정의합니다. 느낌표를 사용하여 이 필드에서 null을 반환할 수 없다고 정의했습니다.

4.2.2 일대다 연결

GraphQL 서비스는 최대한 방향성이 없도록 유지하는 편이 좋습니다. 방향이 없다면 아무 노드에서 그래프 횡단을 시작할 수 있으므로, 클라이언트 쪽에서 쿼리를 최대한 자유롭게 만들 수 있기 때문입니다. 그러기 위해서는 User 타입에서 Photo 타입으로 되돌아갈 수 있는 패스가 있어야 합니다. User 쿼리를 작성할 때 해당 사용자가 게시한 사진 정보역시 모두 받을 수 있어야 한다는 뜻입니다.

```
type User {
  githubLogin: ID!
  name: String
  avatar: String
  postedPhotos: [Photo!]!
}
```

User 타입에 postedPhotos 필드를 추가하여 사용자에서 Photo로 되돌아가는 경로를 만들었습니다. postedPhotos 필드는 사용자가 게시한 Photo 타입 리스트를 반환합니다. 사용자 한 명이 사진을 여러 장 올릴 수 있으므로 이들 사이의 관계를 일대다로 정립했습니다. 일대다 관계는 어떤 객체(부모)의 필드에서 다른 객체 리스트(자식)를 반환하는 필드를 보유하고 있을 때 나타나는 관계로, 그림 4-2의 경우와 같습니다. 꽤 흔하게 볼 수 있는 관계입니다.

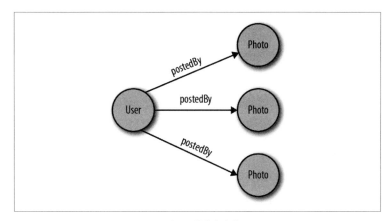

그림 4-2 일대다 관계

흔히 루트 타입에 일대다 관계를 정의합니다. 사진이나 사용자 정보에 대한 쿼리 요청을 만들려면 Query 루트 타입에 필드를 정의해야 합니다. 루트 Query 타입에 커스텀 타입을 새로 추가하려면 다음과 같이 합니다.

```
type Query {
  totalPhotos: Int!
  allPhotos: [Photo!]!
  totalUsers: Int!
  allUsers: [User!]!
}

schema {
  query: Query
}
```

Query에 타입 정의를 추가하면 API에서 사용할 쿼리를 정의한 것과 같습니다. 예제 코드에서는 각 타입에 대한 쿼리를 두 개씩 추가했습니다. 하나는 각 타입의 총 레코드 수를 묻는 것이고, 다른 하나는 모든 사진 리스트를 요청하는 것입니다. 다음으로 Query 타입을 schema에 필드로 추가했습니다. 이렇게 하면 GraphQL API에서 쿼리를 사용할 수 있습니다.

이제 다음과 같이 사용자와 사진에 대한 쿼리를 보낼 수 있습니다.

```
query {
  totalPhotos
  allPhotos {
    name
    url
  }
}
```

4.2.3 다대다 연결

가끔은 노드 리스트를 다른 노드 리스트와 연결지어야 할 때도 있습니다. 예시로 든 사진 공유 앱에서는 사용자가 사진을 게시하면 이 사진 속의 다른 사용자를 태그하는 기능이 있습니다. 한 장의 사진 안에는 사용자가 여러 명 태그되어 있을 수 있으며, 사용자 한 명이 태그될 수 있는 사진 역시 여러 장이 될 수 있습니다(그림 4-3).

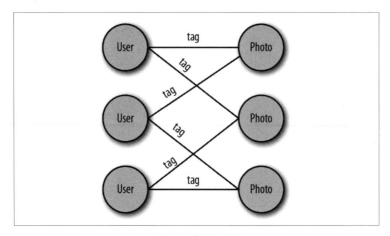

그림 4-3 다대다 연결

다대다 연결 관계를 만들려면 User와 Photo 타입 양쪽 모두에 리스트 타입 필드를 추가하면 됩니다.

```
type User {
  ...
  inPhotos: [Photo!]!
}

type Photo {
```

```
  ...
  taggedUsers: [User!]!
}
```

예제에서 보듯이, 하나의 다대다 관계는 두 개의 일대다 관계로 이루어 져 있습니다. 예제의 Photo에서는 사진 한 장에 사용자를 여러 명 태그 할 수 있고, User는 사진 여러 장에 태그될 수 있습니다.

통과 타입

다대다 연결을 만들 경우, 관계 자체에 대한 정보를 담고 싶을 때도 있습 니다. 여기서는 사용자 사이의 친구 관계를 예로 들어 통과 타입(through type)[2]을 설명하겠습니다. 사진 공유 앱에서는 통과 타입을 사용할 필 요가 없기 때문입니다.

사용자 사이의 관계를 만들기 위해 User 타입 하위에 다른 사용자를 모아 둔 리스트를 추가합니다.

```
type User {
  friends: [User!]!
}
```

타입에 친구 리스트가 들어갑니다. 친구 관계에 대한 정보(서로 어디서 만났는지, 혹은 얼마나 알고 지냈는지 등등)도 넣어야 하는 상황이라 가 정해 봅시다.

이럴 때는 엣지를 커스텀 객체 타입으로 정의해야 합니다. 여기서는 엣지가 두 노드를 연결하기 위해 만들어진 노드이므로 통과 타입이라고 부르겠습니다. 친구 사이를 연결하면서 어디서 어떻게 만났는가도 알 려 주는 Friendship을 통과 타입으로 정의해 봅시다.

```
type User {
  friends: [Friendship!]!
}
```

---

2 (옮긴이) 정식 GraphQL 스펙은 아니고 엣지의 성격을 설명하기 위해 저자들이 편의상 만든 단 어입니다.

```
type Friendship {
  friend_a: User!
  friend_b: User!
  howLong: Int!
  whereWeMet: Location
}
```

friends 필드를 User 타입에 직접 만들지 않고, Friendship 타입을 만들어 friends를 연결하였습니다. Friendship 타입에 친구 사이인 friend_a와 friend_b 필드를 넣었습니다. 그리고 howLong과 whereWeMet 필드를 만들어 둘 사이의 관계에 관한 부가 정보를 넣을 수 있도록 했습니다. howLong 필드는 우정의 지속 기간을 나타내며, Int 스칼라 타입을 반환합니다. whereWeMet 필드는 Location 커스텀 타입을 반환합니다.

Friendship 타입 설계를 조금 바꿔서 친구를 리스트로 넣을 수 있도록 만들겠습니다. 여러 명의 절친을 신입생 때 한 번에 만난 경우도 있을 겁니다. 따라서 친구 두 명 이상을 한 번에 친구 관계로 몰아넣을 수 있도록 friends 필드를 만듭니다.

```
type Friendship {
  friends: [User!]!
  how_long: Int!
  where_we_met: Location
}
```

우정 관계에 속한 친구를 한 번에 모두 넣을 수 있도록 Friendship에 friends 필드를 하나만 넣어 두었습니다. 이 타입을 사용하면 우정 관계를 그룹으로 표현할 수 있습니다.

4.2.4 여러 타입을 담는 리스트

GraphQL 리스트에 항상 같은 타입만 들어가지는 않습니다. 3장에서는 union 타입과 interface를 소개했고, 프래그먼트로 이들 타입에 대한 쿼리를 작성하는 법까지 배웠습니다. 이제 스키마에 이 두 가지 타입을 추가하는 법을 알아봅니다.

이번에는 일정 앱을 예시로 사용합니다. 일정에는 여러 종류의 이벤트가 들어가며, 이벤트마다 데이터 필드가 달라질 수 있습니다. 스터디 그룹 모임 이벤트의 필드와 운동 이벤트의 필드는 완전히 다를 수도 있는데, 일정 앱에는 이렇게 상이한 이벤트를 모두 추가할 수 있어야 합니다. 하루의 일정은 곧 여러 활동 타입을 모아 둔 리스트라 생각하면 됩니다.

따라서 이러한 GraphQL 일정 스키마를 만들려면 유니언 타입이나 인터페이스를 사용하면 됩니다.

유니언 타입

GraphQL **유니언 타입**(union type)을 사용하면 여러 타입 가운데 하나를 반환할 수 있습니다. 3장에서는 일정을 받아 오는 schedule 쿼리를 작성했습니다. 일정이 스터디 그룹일 때와 운동일 때 각각 반환되는 일정 필드가 달라집니다. 이전에 만든 쿼리를 다시 보겠습니다.

```
query schedule {
  agenda {
    ... on Workout {
      name
      reps
    }
    ... on StudyGroup {
      name
      subject
      students
    }
  }
}
```

학생들이 매일 일정을 계획할 때 사용할 수 있도록 AgendaItem이라는 union 타입을 만들겠습니다.

```
union AgendaItem = StudyGroup | Workout

type StudyGroup {
  name: String!
```

```
    subject: String
    students: [User!]!
}

type Workout {
  name; String!
  reps: Int!
}

type Query {
  agenda: [AgendaItem!]!
}
```

AgendaItem에서 스터디 그룹 일정과 운동 일정을 하나의 타입으로 묶어 두었습니다. agenda 필드를 운동과 스터디 그룹 일정이 섞인 리스트로 정의하여 Query에 추가합시다.

유니언 타입에 타입을 원하는 만큼 결합할 수 있습니다. 다음과 같이 각 타입 사이에 파이프를 넣어 구분하면 됩니다.

```
union = StudyGroup | Workout | Class | Meal | Meeting | FreeTime
```

인터페이스

인터페이스(interface) 역시 한 필드 안에 타입을 여러 개 넣을 때 사용합니다. 객체 타입 용도로 만드는 추상 타입이며, 스키마 코드의 구조를 조직할 때 아주 좋은 방법입니다. 인터페이스를 통해 특정 필드가 무조건 특정 타입에 포함되도록 만들 수 있으며, 이들 필드는 쿼리에서 사용할 수 있습니다. 인터페이스는 타입이 반환하는 데이터 타입에 구애받지 않고 사용할 수 있습니다.

3장에서 일정 아이템마다 필드를 다르게 반환하도록 만들기 위해 인터페이스로 agenda 쿼리를 작성했습니다. 다시 보겠습니다.

```
query schedule {
  agenda {
    name
    start
    end
    ... on Workout {
```

```
      reps
    }
  }
}
```

인터페이스를 사용하여 작성한 agenda 쿼리 예시입니다. 모든 일정 아이템에 반드시 들어가야 하는 필드는 인터페이스에 존재해야 합니다. name, start, end 필드 등이 있습니다. 일정 아이템을 만들어 리스트에 넣으려면 일정 종류와는 상관없이 필수 필드는 반드시 들어가야 합니다.

GraphQL 스키마에서 사용할 인터페이스를 다음과 같이 만듭니다.

```
scalar DataTime

interface AgendaItem {
  name: String!
  start: DateTime!
  end: DateTime!
}

type StudyGroup implements AgendaItem {
  name: String!
  start: DateTime!
  end: DateTime!
  participants: [User!]!
  topic: String!
}

type Workout implements AgendaItem {
  name: String!
  start: DateTime!
  end: DateTime!
  reps: Int!
}

type Query {
  agenda: [AgendaItem!]!
}
```

AgendaItem이라는 인터페이스를 만들었습니다. 이 추상 타입을 가지고 확장하여 다른 타입을 만듭니다. 인터페이스로 타입을 만들려면 인

터페이스 안에 정의된 필드가 무조건 들어가야 합니다. StudyGroup
과 Workout 타입은 AgendaItem 인터페이스를 기반으로 만들기 때문에
name, start, end 필드가 들어가야 합니다. agenda 쿼리는 AgendaItem
타입 리스트를 반환합니다. agenda 필드가 반환하는 리스트 안에는
AgendaItem 인터페이스를 사용해 만든 타입이 모두 들어갑니다.

타입에는 인터페이스에 정의된 필드 외에 다른 필드도 넣을 수 있습
니다. StudyGroup 필드에는 topic과 participants 목록이 있고, Workout
은 reps 필드가 있습니다. 이런 필드 역시 프래그먼트를 사용하면 쿼리
에 선택해 넣을 수 있습니다.

유니언 타입과 인터페이스 둘 다 타입을 여럿 수용하는 필드를 만들
때 사용합니다. 둘 중 무엇을 사용할지는 프로젝트의 상황에 따라 달라
집니다. 일반적으로 객체에 따라 필드가 완전히 달라져야 한다면 유니
언 타입을 쓰는 편이 좋습니다. 특정 필드가 반드시 들어가야 한다면 유
니언 타입 대신에 인터페이스가 더 적절합니다.

4.3 인자

GraphQL 필드에는 인자를 추가할 수 있습니다. 인자를 사용하면 데이
터를 전달할 수 있기 때문에 GraphQL 요청 결과 값이 바뀔 수도 있습
니다. 3장에서는 쿼리와 뮤테이션에 인자를 전달했습니다. 여기서는 스
키마에 인자를 정의하는 법에 대해 알아봅니다.

Query 타입에 allUsers와 allPhotos를 목록으로 반환하는 필드가 있
는데, User 한 명, 혹은 Photo 한 장만 선택하고 싶다면 어떡할까요? 이
때는 원하는 사용자나 사진에 대한 정보를 제공해야 하는데, 쿼리문 인
자에 정보를 넣으면 됩니다.

```
type Query {
  ...
  User(githubLogin: ID!): User!
  Photo(id: ID!): Photo!
}
```

필드처럼 인자도 타입이 있어야 합니다. 스키마에서 사용할 수 있는 스칼라 타입이나 객체 타입으로 인자의 타입을 정해주면 됩니다. 특정 사용자를 선택하려면 그 사용자만의 `githubLogin`을 인자로 전달해야 합니다. MoonTahoe의 이름과 아바타를 선택하는 쿼리는 다음과 같습니다.

```
query {
  User(githubLogin: "MoonTahoe") {
    name
    avatar
  }
}
```

사진 한 장의 세부 정보를 받아 보려면 사진의 ID를 전달하면 됩니다.

```
query {
  Photo(id: "14TH5B6NS4KIG3H4S") {
    name
    description
    url
  }
}
```

특정 사용자나 사진의 정보를 얻으려면 인자를 반드시 넣어 주어야 합니다. 인자가 필수이기 때문에 이들은 `null` 값을 반환할 수 없는 필드로 정의합니다. 쿼리 요청 시 `id`나 `githubLogin` 값을 넣어주지 않으면 GraphQL 파서가 에러를 반환합니다.

4.3.1 데이터 필터링

반드시 인자가 값을 반환하도록 만들 필요는 없습니다. `null`을 반환할 수 있는 필드를 만들고 인자는 옵션으로 받아도 됩니다. 그렇게 되면 부가적인 파라미터로 인자를 넘겨 쿼리 요청이 수행됩니다. `allPhotos` 쿼리에서 사진 카테고리에 대한 정보를 옵션 인자로 넘기면 특정 카테고리 사진만 걸러 내어 그 목록을 받아 봅니다.

```
type Query {
  ...
```

```
    allPhotos(category: PhotoCategory): [Photo!]!
}
```

allPhotos 쿼리에 옵션으로 category 필드를 넣었습니다. 카테고리 인기 값은 PhotoCategory 열거 타입에 정의된 값 중 하나와 같아야 합니다. 별다른 인자를 전달하지 않으면 모든 사진이 반환됩니다. 그러나 특정 카테고리를 인자로 넣으면 이 카테고리에 속하는 사진만 거른 후 목록에 담아 반환합니다.

```
query {
  allPhotos(category: "SELFIE") {
    name
    description
    url
  }
}
```

SELFIE 카테고리로 분류된 사진의 name, description, url을 반환하는 쿼리입니다.

데이터 페이징

여기서 만든 사진 공유 앱이 성공한다면(그렇게 될 거예요), Users와 Photos 데이터가 많이 쌓이게 됩니다. 요청이 올 때마다 모든 User와 Photo를 응답으로 돌려줄 수는 없을 것 같습니다. 따라서 GraphQL 쿼리에 인자를 전달해 반환 데이터의 양을 조절합니다. 이때 한 페이지에 나올 데이터의 양을 정한다는 의미에서, 이 과정을 **데이터 페이징**(data paging)이라 합니다.

데이터 페이징 기능을 추가하려면 옵션 인자를 두 개 더 써야 합니다. first 인자는 데이터 페이지 한 장 당 들어가는 레코드 수를 지정하기 위해 사용하고, start는 첫 번째 레코드가 시작되는 인덱스, 즉 시작 위치 값을 지정하기 위해 사용합니다. 두 인자 모두 리스트 쿼리에 추가하면 됩니다.

```
type Query {
  ...
  allUsers(first: Int=50 start: Int=0): [User!]!
  allPhotos(first: Int=25 start: Int=0): [Photo!]!
}
```

first와 start 두 인자를 추가해 보았습니다. 만약 클라이언트 쪽에서 쿼리 요청을 보낼 때 인자를 따로 넣지 않는다면 미리 정해 둔 기본 값을 인자로 사용합니다. allUsers 쿼리는 기본적으로 앞에서 사용자 50명만 추려내어 보내도록 설정되어 있고, allPhotos 쿼리는 앞에서 사진 25장만 추려서 보내도록 설정했습니다.

클라이언트에서는 인자 값을 조정해가며 쿼리 요청을 보내서 사진이나 사용자 데이터의 양을 조절할 수 있습니다. 90번째 사용자에서 시작해 10명까지만 추려서 보내고 싶다면 쿼리를 다음처럼 작성하면 됩니다.

```
query {
  allUsers(first: 10 start: 90) {
    name
    avatar
  }
}
```

90번째 사용자에서 시작해 10명까지만 얻는 쿼리를 작성했습니다. 사용자의 name과 avatar 데이터를 받습니다. 총 페이지 수를 계산하려면 전체 아이템 수를 페이지 당 아이템 수로 나누면 됩니다.

```
pages = total/pageSize
```

정렬

데이터 리스트가 반환되는 쿼리를 작성할 때는 리스트의 정렬 방식을 지정할 수 있습니다. 이때도 인자를 사용합니다.

Photo 리스트 쿼리에 정렬 기능을 부여해 봅시다. enum을 사용하면 Photo 객체의 정렬 기준이 될 필드를 지정하고 정렬 방식도 지정할 수 있습니다.

```
enum SortDirection {
  ASCENDING
  DESCENDING
}

enum SortablePhotoField {
  name
  description
  category
  created
}

Query {
  allPhotos(
    sort: SortDirection = DESCENDING
    sortBy: SortablePhotoField = created
  ): [Photo!]!
}
```

allPhotos 쿼리에 sort와 sortBy 인자를 추가했습니다. sort 인자의 값을 ASCENDING, 혹은 DESCENDING, 이 둘 중 하나로 제한하기 위해 Sort Direction이라는 열거 타입을 만들었습니다. SortablePhotoField 열거 타입도 만들었습니다. 정렬 기준으로 아무 필드나 사용하고 싶지는 않으므로, sortBy 인자 값으로는 name, description, category, created(사진이 추가된 날짜와 시간), 이 네 값 중 하나만 받도록 만듭니다. sort와 sortBy는 둘 다 옵션 인자이므로 값이 없을 때를 대비해 기본 값은 각각 DESENDING과 created로 둡니다.

클라이언트에서는 allPhotos 쿼리에 인자를 붙여 사진 정렬 방식을 설정합니다.

```
query {
  allPhotos(sortBy: name)
}
```

이와 같이 하면 이름 필드 기준으로 내림차순 정렬한 사진 리스트가 반환됩니다.

지금까지는 Query 타입 필드에만 인자를 추가해 봤습니다. 그러나 이 타입 이외 다른 타입에도 얼마든지 인자를 추가할 수 있습니다. 사용자 한 명이 지금까지 게시한 사진 필드에도 필터, 정렬, 페이지 인자를 추가해 봅니다.

```
type User {
  postedPhotos(
    first: Int = 25
    start: Int = 0
    sort: SortDirection = DESCENDING
    sortBy: SortablePhotoField = created
    category: PhotoCategory
  ): [Photo!]
}
```

반환 데이터의 양을 줄이려면 데이터 페이징 용도로 쓸 필터를 추가합니다. 이보다 더 세밀하게 데이터 양을 조절하는 법은 7장에 나와 있습니다.

4.4 뮤테이션

뮤테이션은 반드시 스키마 안에 정의해 두어야 합니다. 쿼리를 정의할 때처럼 커스텀 타입으로 정의한 다음에 스키마에 추가합니다. 엄밀히 말하자면 스키마 안에서 쿼리와 뮤테이션 작성법은 차이가 없습니다. 유일한 차이는 구문 작성 의도에서 발생합니다. 애플리케이션 상태를 바꿀 액션이나 이벤트가 있을 때만 뮤테이션을 작성해야 합니다.

뮤테이션은 애플리케이션의 동사 역할을 해야 합니다. 사용자가 GraphQL 서비스를 가지고 할 수 있는 일을 정의해야 합니다. 사용자가 GraphQL로 만든 애플리케이션에서 취할 수 있는 동작을 일단 모두 목록으로 만들어 보면, 대부분이 뮤테이션일 확률이 높습니다.

사진 공유 앱에서 사용자는 깃허브 계정으로 로그인하며, 사진을 게시하고 사진 태그도 합니다. 이런 행동은 전부 애플리케이션 상태에 영향을 끼칩니다. 깃허브 계정으로 로그인을 하면 클라이언트에 접속 중인 현재 사용자의 상태가 바뀝니다. 사용자가 사진을 게시하면 사진 데이터가 시스템에 추가됩니다. 사진 태그 역시 마찬가지입니다. 사진이 태그될 때마다 사진 태그 데이터 레코드가 생성됩니다.

뮤테이션은 스키마의 루트 mutation 타입에 추가하여 클라이언트에서 사용할 수 있도록 합니다. 첫 번째 뮤테이션인 postPhoto를 작성해 봅시다.

```
type Mutation {
  postPhoto(
    name: String!
    description: String
    category: PhotoCategory = PORTRAIT
  ): Photo!
}

schema {
  query: Query
  mutation: Mutation
}
```

Mutation 타입 하위에 postPhoto 필드를 넣어서 사용자가 사진을 게시할 수 있도록 만듭니다. 이제 최소한 사진 메타데이터는 사용자가 추가할 수 있게 되었습니다. 사진을 실제로 업로드하는 방법은 7장에서 알아보겠습니다.

사진을 게시할 때 다른 것은 몰라도 사진의 name은 필수 값으로 들어오도록 만들었습니다. description과 category는 필수 값이 아닙니다. category 값을 인자로 넣지 않으면 기본 값으로 지정한 PORTRAIT가 들어갑니다. 이제 사진을 게시할 때 다음과 같은 뮤테이션 요청이 전송됩니다.

```
mutation {
  postPhoto(name: "Sending the Palisades") {
    id
    url
    created
    postedBy {
      name
    }
  }
}
```

사진을 게시하고 난 뒤에는 이 사진에 대한 정보를 받아 볼 수 있습니다. 사진 게시 후에 서버에서 생성되는 필드도 있으므로, 이 필드를 보고 사진이 정상적으로 게시되었는지 알아볼 수 있습니다. 신규 사진 ID는 데이터베이스에서 생성해 부여합니다. 사진의 url은 자동으로 생성됩니다. 사진이 생성된 날짜와 시간은 created 필드에 들어갑니다. 이렇게 쿼리를 보내면 사진 데이터 생성 후에 새롭게 만들어진 필드 정보가 모두 반환됩니다.

쿼리 셀렉션 세트 안에는 사진 게시자에 대한 정보도 들어가 있습니다. 사진을 게시하려면 반드시 서비스에 로그인해야 합니다. 만약 현재 로그인한 사용자가 없다면 뮤테이션은 에러를 반환합니다. 사용자가 로그인 상태라면 게시자에 대한 정보가 postedBy 필드에 들어갑니다. 액세스 토큰(access token)으로 사용자를 인증하는 법은 5장에서 알아봅니다.

뮤테이션 변수

3장에서 했던 것처럼 뮤테이션을 작성할 때는 변수를 선언하는 편이 좋습니다. 사용자 데이터를 대량으로 만들어야 한다면 변수를 활용해 뮤테이션을 반복 요청하면 됩니다. 변수를 선언해 두면 실제 클라이언트 단에서 뮤테이션을 작성할 때도 도움이 됩니다. 글이 길어지지 않도록 하기 위해 여기서는 관련된 장만 언급해 두고 자세한 내용은 생략하겠습니다. 변수를 사용한 예시 코드만 남겨 두겠습니다.

```
mutation postPhoto(
  $name: String!
  $description: String
  $category: PhotoCategory
) {
  postPhoto(name: $name, description: $description, category: $category) {
    id
    name
    email
  }
}
```

4.5 인풋 타입

이제 쿼리와 뮤테이션의 인자 길이가 꽤 길어져 버렸습니다. 인풋 타입 (input type)을 사용하면 인자 관리를 조금 더 체계적으로 할 수 있습니다. 인풋 타입은 GraphQL 객체 타입과 비슷하나, 인풋 타입은 인자에서만 쓰입니다.

인풋 타입을 인자에 사용해 postPhoto 뮤테이션을 개선해 봅니다.

```
input PostPhotoInput {
  name: String!
  description: String
  category: PhotoCategory = PORTRAIT
}

type Mutation {
  postPhoto(input: PostPhotoInput!): Photo!
}
```

PostPhotoInput 타입은 객체 타입과 비슷하나 전달할 인자에만 사용합니다. name과 description 필드는 필수이지만 category 필드는 꼭 넣지 않아도 됩니다. 이제 postPhoto 뮤테이션을 작성하려면 신규 사진에 대한 정보를 하나의 객체에 다 담아야 합니다.

```
mutation newPhoto($input: PostPhotoInput!) {
  postPhoto(input: $input) {
    id
    url
    created
  }
}
```

$input 변수 타입은 PostPhotoInput 인풋 타입과 같아야 합니다. 사진을 새로 추가하려면 input.name 필드 값이 필요하므로 인풋 타입은 null이 될 수 없습니다. $input 필드 변수 값으로는 새로운 사진 데이터가 들어가야 합니다.

```
{
  "input": {
```

```
    "name": "Hanging at the Arc",
    "description": "Sunny on the deck of the Arc",
    "category": "LANDSCAPE"
  }
}
```

인풋 객체는 JSON 객체 안의 'input' 키 값으로 묶여 뮤테이션의 쿼리 변수와 함께 전송됩니다. 쿼리 변수의 형식은 JSON입니다. 따라서 카테고리 키 값은 문자열이 되어야 하며, PhotoCategory 타입 값 중 하나가 들어 있어야 합니다.

인풋 타입을 사용하면 GraphQL 스키마를 깔끔하게 작성하고 유지할 수 있습니다. 인풋 타입은 모든 필드에서 인자로 사용할 수 있습니다. 애플리케이션 데이터 페이징 및 필터링 기능을 개선할 때도 사용 가능합니다.

인풋 타입으로 정렬 및 필터링 필드와 관련된 코드 구조를 체계화하고 재사용할 수 있도록 만들어 보겠습니다.

```
input PhotoFilter {
  category: PhotoCategory
  createdBetween: DateRange
  taggedUsers: [ID!]
  searchText: String
}

input DateRange {
  start: DateTime!
  end: DateTime!
}

input DataPage {
  first: Int = 25
  start: Int = 0
}

input DataSort {
  sort: SortDirection = DESCENDING
  sortBy: SortablePhotoField = created
}

type User {
```

```
  ...
  postedPhotos(
    filter: PhotoFilter
    paging: DataPage
    sorting: DataSort
  ): [Photo!]!
  inPhotos(filter: PhotoFilter, paging: DataPage, sorting: DataSort):
[Photo!]!
}

type Photo {
  ...
  taggedUsers(sorting: DataSort): [User!]!
}

type Query {
  ...
  allUsers(paging: DataPage, sorting: DataSort): [User!]!
  allPhotos(filter: PhotoFilter, paging: DataPage, sorting: DataSort):
[Photo!]!
}
```

인풋 타입으로 상당량의 필드를 체계화했습니다. 또한 스키마 이곳저
곳에서 인풋 타입을 인자로 재사용할 수 있게 만들었습니다.

PhotoFilter 인풋 타입에는 클라이언트 쪽에서 사진 리스트를 필터링
할 수 있도록 인풋 필드가 옵션으로 들어 있습니다. 또한 DataRange 인
풋 타입이 createdBetween 필드 값으로 들어갑니다. PhotoFilter를 사
용하면 category, search 문자열, taggedUsers로 필요한 사진만 거를 수
있습니다. 사진 리스트를 반환하는 필드에는 전부 필터 옵션을 추가합
니다. 클라이언트에서는 필터 옵션을 다양하게 활용해 필요한 사진만
받을 수 있습니다.

그리고 페이징과 정렬용으로 사용할 인풋 타입도 만들었습니다.
DataPage 인풋 타입에는 데이터를 페이지 단위로 요청할 때 필요한 필
드가 들어 있고, DataSort 인풋 타입에는 정렬 필드가 들어 있습니다.
스키마 내의 데이터 리스트를 반환하는 모든 필드에 이들 인풋 타입을
추가했습니다.

이미 만들어 둔 인풋 타입을 조합하여 상당히 복잡한 인풋 데이터를 받는 쿼리도 작성할 수 있습니다.

```
query getPhotos($filter: PhotoFilter, $page: DataPage, $sort: DataSort) {
  allPhotos(filter: $filter, paging: $page, sorting: $sort) {
    id
    name
    url
  }
}
```

쿼리에서 $filter, $page, $sort 세 인풋 타입을 옵션 인자로 받도록 했습니다. 필요한 사진에 대한 세부 사항은 쿼리 변수를 사용해 지정합니다.

```
{
  "filter": {
    "category": "ACTION",
    "taggedUsers": ["MoonTahoe", "EvePorcello"],
    "createdBetween": {
      "start": "2018-5-31",
      "end": "2018-11-6"
    }
  },
  "page": {
    "first": 100
  }
}
```

이 쿼리는 깃허브 사용자 MoonTahoe와 EvePorcello가 태그된 ACTION 사진 중, 11월 6일과 5월 31일 사이에 생성된 것만 찾아줍니다. 그러나 이때 생성된 사진을 전부 보내지는 않고, 앞에서 100장까지만 보내 줍니다.

인풋 타입을 사용하면 스키마 구조를 정리하고 인자를 재사용할 수 있습니다. GraphiQL이나 GraphQL 플레이그라운드에서 자동으로 만들어 주는 스키마 문서의 질도 더 좋아집니다. API도 사용하기 더 편해지며, 배우거나 이해하기도 쉬워집니다. 클라이언트 쪽에서도 인풋 타입을 사용해 체계적으로 쿼리를 작성하고 사용할 수 있습니다.

4.6 리턴 타입

앞에서 작성한 스키마 필드는 모두 애플리케이션 주요 타입인 User와 Photo를 반환합니다. 그러나 가끔은 페이로드 데이터 말고도 쿼리나 뮤테이션에 대한 메타 정보를 함께 받아야 할 때가 있습니다. 사용자가 로그인 상태거나 인증을 거친 상태라면 User 페이로드에 관련 토큰을 같이 반환해야 합니다.

깃허브 OAuth를 통해 로그인하려면 깃허브에서 OAuth 코드를 받아와야 합니다. 깃허브 OAuth 계정을 설정하고 깃허브 코드를 받아 오는 방법은 '5장 깃허브 권한 인증'에 나와 있습니다. 지금은 유효한 깃허브 코드가 있다고 가정합니다. 이 코드를 githubAuth 뮤테이션에 넣어 사용자가 로그인할 수 있도록 만듭니다.

```
type AuthPayload {
  user: User!
  token: String!
}

type Mutation {
  ...
  githubAuth(code: String!): AuthPayload!
}
```

사용자의 깃허브 코드를 githubAuth 뮤테이션에 넣어 보내 인증을 진행합니다. 인증이 잘 된다면 로그인이 성공적으로 잘 되었다는 정보와 함께 토큰이 커스텀 객체 타입에 담겨 반환됩니다. 이 토큰은 나중에 post Photo 같은 쿼리와 뮤테이션을 작성할 때 인증 용도로 사용합니다.

단순한 페이로드 데이터 외에 추가적으로 데이터가 더 필요할 때는 필드에 커스텀 객체 타입을 사용합니다. 쿼리에서 응답까지 걸린 시간이 궁금할 수도 있고, 응답에 들어있는 항목의 개수를 알고 싶을 때도 있습니다. 이런 경우 커스텀 리턴 타입을 사용하면 됩니다.

GraphQL 스키마 작성 시 사용 가능한 타입 소개를 모두 마쳤습니다. 스키마 설계 개선법에 대해서도 얘기하느라 시간이 꽤 걸렸습니다. 이제 마지막으로 남은 루트 객체 타입인 Subscription 타입을 소개하겠습니다.

4.7 서브스크립션

Subscription 타입은 GraphQL 스키마 정의 언어에 존재하는 다른 타입과 별반 차이가 없습니다. 이 절에서는 커스텀 객체 타입 필드의 일환으로 서브스크립션 타입을 선언해 보도록 하겠습니다. 나중에 7장에서 GraphQL 서비스를 만들 때 실시간 데이터 전송과 더불어서 PubSub 디자인 패턴을 사용해야 하는데, 서브스크립션 타입에서 이 패턴을 따르도록 만드는 것이 저희가 해야 할 일입니다.

Photo나 User 타입이 생성될 때마다 그 소식을 클라이언트에서 받아볼 수 있도록 만들 수 있습니다.

```
type Subscription {
  newPhoto: Photo!
  newUser: User!
}

schema {
  query: Query
  mutation: Mutation
  subscription: Subscription
}
```

커스텀 Subscription 객체를 만들고 그 안에 newPhoto와 newUser 필드를 넣었습니다. 사진이 새로 게시되면 newPhoto를 구독 중인 클라이언트는 모두 새로운 사진에 대한 알림을 받습니다. 신규 사용자가 생성된다면 그 소식을 구독하는 클라이언트는 모두 해당 사용자에 대한 정보를 받습니다.

서브스크립션에서도 인자를 활용할 수 있습니다. 새로운 사진 중에 ACTION 카테고리에 속하는 사진만 받는 필터를 newPhoto에 추가하고 싶으면 다음과 같이 하면 됩니다.

```
type Subscription {
  newPhoto(category: PhotoCategory): Photo!
  newUser: User!
}
```

이제 newPhoto를 구독하는 쪽에서 자신이 원하는 내용만 걸러 볼 수 있게 되었습니다. 새 ACTION 사진만 받고 싶다면 GraphQL API에 다음과 같은 코드를 보내면 됩니다.

```
subscription {
  newPhoto(category: "ACTION") {
    id
    name
    url
    postedBy {
      name
    }
  }
}
```

그러면 오로지 ACTION 카테고리 사진만 반환됩니다.

서브스크립션은 실시간 데이터를 다루기에 아주 좋은 방법일 수 있습니다. 실시간 데이터를 다루기 위한 세부적인 서브스크립션 사용법은 7장에서 알아봅니다.

4.8 스키마 문서화

3장에서 GraphQL 인트로스펙션 기능을 사용해 서버에서 제공하는 쿼리 정보를 얻는 법에 대해 알아보았습니다. GraphQL 스키마를 작성할 때는 옵션으로 각 필드에 대한 설명을 적어 넣을 수 있는데, 이로써 스키마 타입과 필드에 대한 부가정보를 제공할 수 있습니다. 설명을 잘 적어 두면 자기 자신뿐 아니라 팀의 다른 사람들 그리고 API 사용자들이 스키마를 이해하는 데 도움이 됩니다.

예시로 스키마에 User 타입에 대한 코멘트를 추가해 보겠습니다.

```
"""
깃허브에서 한 번 이상 권한을 부여받은 사용자
"""
type User {
  """
  사용자의 깃허브 로그인 ID
  """
  githubLogin: ID!

  """
  사용자의 이름(성 포함)
  """
  name: String

  """
  사용자의 깃허브 프로필 사진 url
  """
  avatar: String

  """
  사용자가 올린 모든 사진
  """
  postedPhotos: [Photo!]!

  """
  사용자가 들어간 모든 사진
  """
  inPhotos: [Photo!]!
}
```

사용자에게 API 정의를 제공하려면 주석 위, 아래로 인용 부호를 붙여 각 타입 혹은 필드에 추가합니다. 타입과 필드뿐 아니라 인자 역시 문서화할 수 있습니다. postPhoto 뮤테이션을 살펴봅시다.

```
type Mutation {
  """
  깃허브 사용자 권한 부여
  """
  githubAuth(
    "사용자 권한 부여를 위해 깃허브에서 받아 온 유니크 코드"
    code: String!
  ): AuthPayload!
}
```

인자에 주석을 써 주면 인자명과 필드의 옵션 여부가 자동으로 들어가게 됩니다. 인풋 타입에 대한 주석은 다른 타입과 같은 방식으로 써주면 됩니다.

```
"""
postPhoto 뮤테이션과 함께 전송되는 인풋 값
"""
input PostPhotoInput {
  "신규 사진명"
  name: String!
  "(옵션) 사진에 대한 간략한 설명"
  description: String
  "(옵션) 사진 카테고리"
  category: PhotoCategory=PORTRAIT
}

postPhoto(
  "인풋: 신규 사진 이름, 설명, 카테고리"
  input: PostPhotoInput!
): Photo!
```

주석은 모두 그림 4-4와 같이 GraphQL 플레이그라운드, 혹은 GraphiQL 툴의 스키마 문서에 나오게 됩니다. 물론 타입에 대한 설명은 인트로스펙션 쿼리로도 검색할 수 있습니다.

그림 4-4 postPhoto 문서

견고하게 잘 정의된 스키마는 모든 GraphQL 프로젝트의 핵심입니다. 스키마는 개발 로드맵이 되어 주며, 프론트엔드와 백엔드가 서로 공유하는 일종의 계약서의 역할을 해 줍니다. 이를 통해 두 팀에서는 서로가 동의한 스키마를 항상 사용할 것이라 확신할 수 있습니다.

이 장에서는 사진 공유 애플리케이션에서 사용할 스키마를 만들었습니다. 다음 세 개 장에서는 스키마 계약을 충실히 이행하는 풀스택 GraphQL 애플리케이션을 만드는 법에 대해 알아봅니다.

5장

GraphQL API 만들기

지금까지 그래프의 역사를 살펴보았고, 쿼리와 스키마도 만들었습니다. 기능을 완전하게 갖춘 GraphQL 서비스를 만들 준비가 다 된 것 같습니다. 서비스에 적용할 수 있는 기술 스택은 다양하나, 이 책에서는 자바스크립트를 사용하겠습니다. 그러나 상당히 범용적인 내용을 배우기 때문에 나중에 다른 언어나 프레임워크를 쓰더라도 GraphQL 서비스의 전반적인 설계는 비슷해 보일 것입니다.

다른 언어로 된 라이브러리에 관심이 있다면 GraphQL.org 사이트[1]를 참조하세요.

2015년에 GraphQL 명세가 처음 공개되었는데, 이때 명세의 주 내용은 쿼리 언어와 타입 시스템에 관한 설명이었습니다. 서버 세부 구현 사항은 의도적으로 명세에서 생략했기 때문에 다양한 배경의 개발자들이 본인이 사용하기 편한 언어를 가지고 GraphQL을 사용할 수 있었습니다. 페이스북 팀에서는 자바스크립트로 만든 레퍼런스 코드인 GraphQL.js를 공개했습니다. 이 소스를 바탕으로 express-graphql이 만들어졌는데, 익스프레스(Express) 프레임워크로 GraphQL 서버를 만드는 라이브러리입니다. 널리 알려졌듯이 이 첫 번째 GraphQL 라이브

---

1 *https://graphql.org/code*

러리는 많은 개발자에게 도움이 되었다고 합니다.

자바스크립트로 구현한 GraphQL 서버를 찾아 보았는데, 이 책에서는 아폴로 팀에서 만든 오픈 소스 솔루션인 아폴로 서버를 사용하기로 했습니다. 설정이 상당히 편하고 프로덕션 레벨에서 사용할 수 있는 여러 가지 기능을 제공하기 때문입니다. 서브스크립션과 파일 업로드 기능을 제공하며, 데이터 소스 API로 이미 사용 중인 기존 서비스에 접근할 수 있으며, 아폴로 엔진을 손쉽고 간편하게 그리고 독립적으로 사용할 수 있습니다. GraphQL 플레이그라운드도 제공하므로 브라우저에서 쿼리를 바로 작성할 수도 있습니다.

5.1 프로젝트 세팅

로컬에 빈 폴더를 하나 만들어 photo-share-api 프로젝트를 시작해 봅시다. 완성된 소스를 보거나 Glitch[2]에 올려 둔 서비스를 실제로 보고 싶다면 이 책의 깃허브 저장소[3]에 들어가 보세요. 터미널에 npm init -y 명령어를 입력해 빈 폴더에 npm 프로젝트를 새로 만듭니다. -y 플래그를 사용했기 때문에 기본적인 옵션 값이 자동으로 들어간 package.json 파일이 생성됩니다.

프로젝트에서 사용할 의존 모듈인 apollo-server, graphql을 설치합니다. nodemon도 설치합니다.

```
npm install apollo-server graphql nodemon
```

apollo-server와 graphql을 설치해야 아폴로 서버 인스턴스를 설정할 수 있습니다. nodemon은 파일에서 바뀐 부분이 없는지를 감시하면서 변경 사항이 생길 때마다 서버를 재시작합니다. package.json 파일 안에 scripts 필드의 키 값으로 nodemon 관련 명령어를 작성합니다.

```
"scripts": {
```

---

2   (옮긴이) 웹 프로젝트를 생성하고 공유할 수 있는 사이트입니다. *https://glitch.com*

3   *https://github.com/MoonHighway/learning-graphql/tree/master/chapter-05/photo-share-api*

```
  "start": "nodemon -e js,json,graphql"
 }
```

이제 npm start 명령어를 실행할 때마다 index.js 파일에 담긴 내용이 실행되며, nodemon은 js, json, graphql 확장자 파일에서 생기는 변경 사항을 감시합니다. 프로젝트 루트에 index.js 파일도 만듭니다. package.json의 main에 index.js을 써 줍니다.

```
"main": "index.js"
```

5.2 리졸버

앞에서 다룬 내용은 대부분 GraphQL 쿼리에 관한 것이었습니다. 스키마에는 사용자가 작성할 수 있는 쿼리를 정의해 두고, 타입 간의 연관관계를 적어 둡니다. 데이터 요구 사항에 대한 내용은 들어 있지만 실제로 데이터를 가져오는 일은 스키마가 아닌 리졸버의 몫입니다.

리졸버(resolver)는 특정 필드의 데이터를 반환하는 함수입니다. 스키마에 정의된 타입과 형태(shape)에 따라 데이터를 반환합니다. 비동기로 작성할 수 있으며 REST API, 데이터베이스, 혹은 기타 서비스의 데이터를 가져오거나 업데이트 작업을 할 수 있습니다.

루트 쿼리에 들어가는 리졸버를 살펴보겠습니다. 프로젝트 루트에 위치한 index.js 파일의 Query에 totalPhotos 필드를 추가합니다.

```
const typeDefs = `
  type Query {
    totalPhotos: Int!
  }
`

const resolvers = {
  Query: {
    totalPhotos: () => 42
  }
}
```

typeDefs 변수에 스키마를 문자열 형태로 정의합니다. totalPhotos 같은 쿼리를 작성하려면 쿼리와 같은 이름을 가진 리졸버 함수가 반드시 있어야 합니다. 타입 정의하는 곳에 필드에서 반환하는 데이터 타입을 적습니다. 그러면 리졸버 함수가 그 타입에 맞는 데이터를 어딘가에서 가져다가 반환해 줍니다. 여기서는 그냥 42라는 정적인 값을 반환합니다.

리졸버 함수는 반드시 스키마 객체와 같은 typename을 가진 객체 아래에 정의해 두어야 합니다. totalPhotos 필드는 쿼리 객체(type Query)에 속합니다. 이 필드에 대응하는 리졸버 함수는 resolvers 객체의 Query 안에 들어 있어야 합니다.

지금까지 루트 쿼리에서 사용할 초기 타입 정의를 만들어 보았습니다. 그리고 totalPhotos 쿼리 필드에 대응하는 리졸버 함수도 만들었습니다. 스키마를 생성하고 이에 관한 쿼리를 요청할 수 있는 환경을 갖추기 위해 아폴로 서버를 사용합니다.

```
// 1. 'apollo-server'를 불러옵니다.
const { ApolloServer } = require('apollo-server')

const typeDefs = `
  type Query {
    totalPhotos: Int!
  }
`

const resolvers = {
  Query: {
    totalPhotos: () => 42
  }
}

// 2. 서버 인스턴스를 새로 만듭니다.
// 3. typeDefs(스키마)와 리졸버를 객체에 넣어 전달합니다.
const server = new ApolloServer({
  typeDefs,
  resolvers
})
```

```
// 4. 웹 서버를 구동하기 위해 listen 메서드를 호출합니다.
server
  .listen()
  .then(({url}) => console.log(`GraphQL Service running on ${url}`))
```

아폴로 서버를 require하고 나서 서버 인스턴스를 하나 생성합니다. 그다음 typeDefs와 resolvers를 객체로 묶어 서버에 인자로 넘깁니다. 서버 설정은 빠르고 간단하게 끝나지만 이 정도만 해도 상당한 기능을 갖춘 GraphQL API를 만들 수 있는 환경입니다. 이 장의 뒷부분에서는 익스프레스를 사용해 서버 기능을 확장하는 법에 대해 알아보겠습니다.

여기까지 했다면 totalPhotos 쿼리 요청을 할 수 있습니다. npm start 명령어를 실행한 후에 http://localhost:4000에서 구동 중인 GraphQL 플레이그라운드에 접속합니다. 다음 쿼리를 요청해 봅니다.

```
{
  totalPhotos
}
```

totalPhotos 필드로 반환되는 데이터 값은 예상대로 42입니다.

```
{
  "data": {
    "totalPhotos": 42
  }
}
```

리졸버는 GraphQL 구현의 핵심입니다. 모든 필드는 그에 대응하는 리졸버 함수가 있어야 하며, 이들 함수는 스키마의 규칙을 따라야만 합니다. 함수는 스키마에 정의된 필드와 반드시 동일한 이름을 가져야 하며, 스키마에 정의된 데이터 타입을 반환합니다.

5.2.1 루트 리졸버

4장에서 다뤘던 것처럼 GraphQL API는 Query, Mutation, Subscription 루트 타입을 가집니다. 이 세 타입은 최상단 레벨에 위치하며, 이들을 통해 사용 가능한 모든 API 엔드리 포인트를 표현할 수 있습니다. Query

타입에 totalPhotos 필드를 추가했기 때문에 API가 해당 필드에 대한
쿼리 작업을 수행할 수 있습니다.

이번엔 Mutation 루트 타입을 만들어 봅니다. postPhoto라는 필드를
만든 텐데, String 타입인 name과 description을 인자로 받겠습니다. 요
청 후에 Boolean을 반드시 반환하도록 했습니다.

```
const typeDefs = `
  type Query {
    totalPhotos: Int!
  }

  type Mutation {
    postPhoto(name: String! description: String): Boolean!
  }
`
```

postPhoto 뮤테이션을 생성 후, resolvers 객체에 이에 대응하는 리졸버
함수를 추가합니다.

```
// 1. 메모리에 사진을 저장할 때 사용할 데이터 타입
var photos = []

const resolvers = {
  Query: {
    // 2. 사진 배열의 길이를 반환합니다.
    totalPhotos: () => photos.length
  },

  // 3. Mutation & postPhoto 리졸버 함수
  Mutation: {
    postPhoto (parent, args) {
      photos.push(args)
      return true
    }
  }
}
```

일단 photos라는 변수를 선언해 사진 정보를 담을 배열을 만듭니다.
데이터베이스에 사진을 저장하는 작업은 이 장의 뒷부분에서 하겠습
니다.

그 다음 totalPhotos 리졸버 함수에서 photos 배열의 길이를 반환하
도록 수정했습니다. 필드에 대한 쿼리 요청이 올 때마다 현재 배열에 저
장되어 있는 데이터 개수가 반환됩니다.

그리고 postPhoto 리졸버 함수를 추가합니다. 이번에는 함수 인자를
사용했습니다. 첫 번째 인자로 부모 객체에 대한 참조를 전달합니다. 가
끔가다 문서에 _, root, obj가 나올 때가 있습니다. 이 경우 postPhoto
리졸버 함수의 부모는 Mutation입니다. 비록 당장은 사용할 만한 데이
터가 없으나, 항상 부모 객체를 가리키는 참조를 첫 번째 인자로 넘깁니
다. 그러므로 플레이스 홀더인 parent를 첫 번째 인자로 넣어 리졸버로
전달한 두 번째 인자, 즉 뮤테이션 인자를 사용할 수 있도록 만듭니다.

postPhoto 리졸버로 보내는 두 번째 인자는 바로 뮤테이션에 사용
할 GraphQL 인자입니다. name은 필수 값이며, description은 옵션입
니다. args 변수는 필드가 두 개 들어 있는 객체입니다. 지금은 ({name,
description}) 인자가 사진 객체 하나에 해당하므로 photos 배열에 인
자를 바로 넣도록 합니다.

이제 GraphQL 플레이그라운드에서 postPhoto 뮤테이션을 테스트하
겠습니다. name 인자로 문자열을 보냅니다.

```
mutation newPhoto {
  postPhoto(name: "sample photo")
}
```

뮤테이션으로 인해 사진 정보가 배열에 추가되고 true가 반환됩니다.
변수를 사용할 수 있도록 뮤테이션을 수정해 봅시다.

```
mutation newPhoto($name: String!, $description: String) {
  postPhoto(name: $name, description: $description)
}
```

쿼리에 변수를 추가했다면 문자열 변수에 값 데이터를 반드시 전달해
주어야 합니다. 플레이그라운드 화면 좌측 하단, 쿼리 변수 창에 name과
description 값을 추가합니다.

```
{
  "name": "sample photo A",
  "description": "A sample photo for our dataset"
}
```

5.2.2 타입 리졸버

GraphQL 쿼리, 뮤테이션, 서브스크립션 작업 후 결과 값으로 반환되는 데이터의 형태는 쿼리의 형태와 동일합니다. 리졸버 함수에서는 정수, 문자열, 불 같은 스칼라 타입 값 말고도 객체 역시 반환할 수 있습니다.

사진 앱에 Photo 타입을 만들고, allPhotos 쿼리 필드에서 Photo 객체 리스트를 반환하는 코드를 작성합니다.

```
const typeDefs = `
  # 1. Photo 타입 정의를 추가합니다.
    type Photo {
      id: ID!
      url: String!
      name: String!
      description: String
    }

  # 2. allPhotos에서 Photo 타입을 반환합니다.
    type Query {
      totalPhotos: Int!
      allPhotos: [Photo!]!
    }

  # 3. 뮤테이션에서 새로 게시된 사진을 반환합니다.
    type Mutation {
      postPhoto(name: String! description: String): Photo!
    }
`
```

Photo 객체와 allPhotos 쿼리를 타입 정의에 추가한 후 리졸버 역시 수정합니다. postPhoto 뮤테이션은 Photo 타입 형태의 데이터를 반환해야 합니다. allPhotos 쿼리는 Photo 타입 형태의 데이터 객체 리스트를 반환합니다.

```
// 1. 고유 ID를 만들기 위해 값을 하나씩 증가시킬 변수입니다.
var _id = 0
var photos = []

const resolvers = {
  Query: {
    totalPhotos: () => photos.length,
    allPhotos: () => photos
  },
  Mutation: {
    postPhoto (parent, args) {
      // 2. 새로운 사진을 만들고 id를 부여합니다.
      var newPhoto = {
        id: _id++,
        ...args
      }
      photos.push(newPhoto)

      // 3. 새로 만든 사진을 반환합니다.
      return newPhoto
    }
  }
}
```

Photo 타입은 ID가 필요하므로, ID 값을 저장할 변수를 하나 만듭니다. postPhoto 리졸버는 변수의 값을 증가시켜 ID를 만듭니다. args 변수는 사진의 name과 description 필드를 받습니다. ID 값 역시 새로운 사진 정보로 들어가야 합니다. 보통은 서버에서 식별자나 타임스탬프 같은 변수를 생성해 ID로 사용합니다. ID 필드와 스프레드 연산자를 사용해 args에서 name과 description 필드를 받아 postPhoto 리졸버에서 새로운 사진 객체를 만듭니다.

뮤테이션에서 불 값을 반환하는 대신에, Photo 타입 형태 객체를 반환하도록 만듭니다. 객체에는 새로 생성한 ID 값과 data로 전달된 사진 이름 및 세부 정보 값이 들어 있습니다. 또한 새로 만든 사진 객체를 photos 배열에 넣는 일을 리졸버 함수에서 처리합니다. 이 객체는 스키마에 정의해 둔 Photo 타입과 형태가 같기 때문에, allPhotos 쿼리를 통해 photos 배열 전체를 반환할 수 있게 됩니다.

> **!** 순차적으로 값이 증가하는 변수를 가지고 고유 ID를 만드는 방법은 확장성이 매
> 우 떨어집니다. 시연용으로는 상관없으나, 실제 애플리케이션인 경우 대부분 데
> 이터베이스에서 ID를 생성합니다.

postPhoto 동작을 확인하기 위해 뮤테이션을 수정해 봅니다. 타입이
Photo이므로 뮤테이션에 해당 타입에 대한 셀렉션 세트를 추가합니다.

```
mutation newPhoto($name: String!, $description: String) {
  postPhoto(name: $name, description: $description) {
    id
    name
    description
  }
}
```

뮤테이션으로 사진을 몇 장 추가했다면, allPhotos 쿼리는 생성한 Photo
객체를 전부 반환할 수 있어야 합니다.

```
query listPhotos {
  allPhotos {
    id
    name
    description
  }
}
```

사진 스키마에는 null 값이 될 수 없는 url 필드도 추가했습니다. 셀렉
션 세트에 url을 넣으면 어떻게 될까요?

```
query listPhotos {
  allPhotos {
    id
    name
    description
    url
  }
}
```

쿼리의 셀렉션 세트에 url을 추가하면 Cannot return null for non-
nullable field Photo.url 에러가 납니다. 아직 url 필드를 데이터 세트

에 추가하지 않았습니다. URL은 자동으로 생성되기 때문에 직접 저장할 필요가 없습니다. 스키마 안의 각 필드는 리졸버에서 각각 대응 가능합니다. Photo 객체를 리졸버 리스트에 추가하고, 함수로 대응하고 싶은 필드를 정의하면 됩니다. 사진 앱의 경우에는 URL을 반환해 주는 함수를 추가하면 됩니다.

```
const resolvers = {
  Query: { ... },
  Mutation: { ... },
  Photo: {
    url: parent => `http://yoursite.com/img/${parent.id}.jpg`
  }
}
```

사진 URL 리졸버를 사용하기 때문에 Photo 객체를 리졸버에 추가하였습니다. Photo 리졸버는 트리비얼[4] 리졸버(trivial resolver)라 불리는 루트에 추가됩니다. 트리비얼 리졸버는 resolvers 객체의 최상위 레벨로 추가되나 필수로 설정해야 하는 것은 아닙니다. Photo 객체의 URL 필드 문제를 해결하기 위해 트리비얼 리졸버를 활용합니다. 이를 사용하지 않으면 GraphQL에서는 기본 리졸버를 사용해 필드와 같은 이름의 속성을 반환합니다.

쿼리에 사진 url이 들어 있다면 해당 리졸버 함수가 호출됩니다. 함수에 전달되는 첫 번째 인자는 언제나 parent 객체입니다. 이 경우 현재 리졸빙 대상인 Photo 객체가 parent가 됩니다. 사진 앱에서는 JPEG 이미지만 다루기로 정했는데, 이미지명은 사진 ID와 같으며 http://yoursite.com/img/ 라우트로 접근할 수 있어야 합니다. parent가 사진이기 때문에 이 인자를 사용해 사진의 ID 값을 받아 올 수 있습니다. 받아온 ID로 현재 사진의 URL을 자동으로 생성하면 됩니다.

GraphQL 스키마 정의는 곧 애플리케이션 요구 사항 정의와 같습니다. 리졸버를 사용하면 요구 사항에 얼마든지 유연하게 대처할 수 있습

---

4 (옮긴이) '사소한', '하찮은' 등으로 번역할 수 있지만 기술 용어는 원어로 알고 있는 편이 관련 지식 검색에 유리히므로 음치 표기했습니다.

니다. 함수는 비동기로도 만들 수 있고, 스칼라 타입이나 객체를 반환할 수도 있으며 다양한 출처를 활용하여 데이터를 반환할 수도 있습니다. 리졸버는 단지 함수에 불과하며, GraphQL 스키마의 각 필드는 모두 짝이 되는 리졸버가 있습니다.

5.2.3 인풋 & 열거 타입 사용하기

이제 PhotoCategory 열거 타입과 PostPhotoInput 인풋 타입을 typeDefs에 추가할 차례입니다.

```
enum PhotoCategory {
  SELFIE
  PORTRAIT
  ACTION
  LANDSCAPE
  GRAPHIC
}

type Photo {
  ...
  category: PhotoCategory!
}

input PostPhotoInput {
  name: String!
  category: PhotoCategory=PORTRAIT
  description: String
}

type Mutation {
  postPhoto(input: PostPhotoInput!): Photo!
}
```

4장에서 포토 공유 애플리케이션 스키마를 만들어 보면서 열거와 인풋 타입을 사용했습니다. PhotoCategory 열거 타입을 만들고, category 필드를 사진에 추가했습니다. 사진 데이터를 찾을 때는 카테고리(열거 타입에 정의된 문자열 값 중 하나)가 유효한 값이어야 합니다. 새로 사진을 올릴 때도 카테고리 정보를 넣어야 합니다.

PostPhotoInput 타입을 사용해 postPhoto 뮤테이션 인자를 하나의 객체로 정리했습니다. 인풋 타입에는 카테고리 필드가 존재합니다. 사용자가 카테고리 필드 값을 인자에 넣지 않으면 기본 값인 PORTRAIT가 들어갑니다.

postPhoto 리졸버도 일부 수정했습니다. 사진 정보인 name, description, category는 input 필드 안으로 들어갔습니다. 이제 args 대신 args. input을 사용해 값에 접근합니다.

```
function postPhoto (parent, args) {
  var newPhoto = {
    id: _id++,
    ...args.input
  }
  photos.push(newPhoto)
  return newPhoto
}
```

새로 만든 인풋 타입을 써서 뮤테이션 코드를 작성합니다.

```
mutation newPhoto($input: PostPhotoInput!) {
  postPhoto(input: $input) {
    id
    name
    url
    description
    category
  }
}
```

쿼리 변수 패널에도 인풋 타입 형식에 맞추어 JSON 데이터를 써 줍니다.

```
{
  "input": {
    "name": "sample photo A",
    "description": "A sample photo for our dataset"
  }
}
```

카테고리 값이 없으면 기본 값인 PORTRAIT가 적용됩니다. category 값이 있다면, 서버로 뮤테이션 요청이 전송되기 전에 그 값이 열거 타입에 속하는지 유효성 검사를 실시합니다. 값이 제대로 되었다면 인자에 담겨 리졸버 함수로 전달됩니다

인풋 타입을 사용하면 뮤테이션에 인자를 손쉽게 반복적으로 넘길 수 있고 에러도 덜 발생합니다. 인풋과 열거 타입을 같이 사용하여 특정 필드에 제공되는 인풋 타입을 좀 더 자세하게 정의할 수 있습니다. 둘 다 놀라울 정도로 유용하며, 두 가지를 같이 사용하면 유용성이 배로 증가합니다.

5.2.4 엣지와 연결

앞에서 얘기했듯이, GraphQL의 진정한 힘은 데이터 포인트 사이를 잇는 연결 고리인 엣지에서 나옵니다. GraphQL 서버 관점에서 보면 보통 타입은 모델에 해당합니다. 타입이 데이터처럼 테이블에 저장된다고 생각해 보세요. 그리고 타입을 서로 연결(connection)해 봅시다. 지금부터는 타입 간의 관계를 정의할 때 사용하는 연결의 종류에 대해 알아보겠습니다.

일대다 연결

사용자는 이전에 게시된 사진 목록에 접근할 수 있어야 합니다. 사용자가 올린 사진을 필터링해 리스트로 반환하는 postedPhotos 필드로 목록에 접근합니다. User 한 명은 Photo를 여러 장 올릴 수 있기 때문에, 이 두 타입 사이의 관계는 **일대다 관계**(one-to-many relationship)입니다. User를 typeDefs에 추가합니다.

```
type User {
  githubLogin: ID!
  name: String
  avatar: String
  postedPhotos: [Photo!]!
}
```

이렇게 하면 방향성을 띤 그래프(directed graph)를 만든 셈입니다. User 타입에서 Photo 타입으로 건너갈 수 있습니다. 무방향(undirected) 그 래프로 만들려면 Photo 타입에서 User 타입으로 거슬러 갈 수 있는 방법 을 제공해 주어야 합니다. 따라서 Photo 타입에 postedBy 필드를 추가합 니다.

```
type Photo {
  id: ID!
  url: String!
  name: String!
  description: String
  category: PhotoCategory!
  postedBy: User!
}
```

postedBy 필드를 추가하여 Photo를 게시한 User로 돌아갈 수 있는 링크 를 만들었습니다. 무방향 그래프로 만든 셈입니다. 하나의 사진은 User 한 명에 의해 게시된 것이기 때문에 **일대일 연결**(one-to-one connec-tion) 관계입니다.

사용자 샘플

서버를 테스트하려면 index.js 파일에 샘플 데이터를 추가해야 합니다. photos 변수에 할당해 둔 빈 배열을 먼저 지워 주세요.

```
var users = [
  {
    githubLogin: 'mHattrup',
    name: 'Mike Hattrup'
  },
  {
    githubLogin: 'gPlake',
    name: 'Glen Plake'
  },
  {
    githubLogin: 'sSchmidt',
    name: 'Scot Schmidt'
  }
```

```
  ]

var photos = [
  {
    id: '1',
    name: 'Dropping the Heart Chute',
    description: 'The heart chute is one of my favorite chutes',
    category: 'ACTION',
    githubUser: 'gPlake'
  },
  {
    id: '2',
    name: 'Enjoying the sunshine',
    category: 'SELFIE',
    githubUser: 'sSchmidt'
  },
  {
    id: '3',
    name: 'Gunbarrel 25',
    description: '25 laps on gunbarrel today',
    category: 'LANDSCAPE',
    githubUser: 'sSchmidt'
  }
]
```

객체 타입 필드로 연결 관계를 만들었기 때문에 리졸버 함수에 대응시
킬 수 있습니다. 함수 안에서는 부모 타입의 세부 정보를 활용해 연결된
데이터를 반환할 수 있습니다.

이제 postedPhotos와 postedBy 리졸버 함수를 추가합니다.

```
const resolvers = {
  ...
  Photo: {
    url: parent => `http://yoursite.com/img/${parent.id}.jpg`,
    postedBy: parent => {
      return users.find(u => u.githubLogin === parent.githubUser)
    }
  },
  User: {
    postedPhotos: parent => {
      return photos.filter(p => p.githubUser === parent.githubLogin)
    }
  }
}
```

Photo 리졸버 함수에 postedBy 필드를 추가합니다. 함수 내부에서 연결 관계에 놓인 데이터를 찾는 기능은 직접 구현해야 합니다. 배열의 .find() 메서드를 사용해 githubLogin 정보가 각 사진의 githubUser 값과 일치하는 사용자를 찾아냅니다. .find() 메서드는 사용자 객체를 하나만 반환합니다.

User 리졸버 함수는 .filter() 메서드로 사용자가 게시한 사진 리스트를 반환합니다. 이 메서드는 부모에 존재하는 사용자 githubLogin과 일치하는 githubUser를 가진 사진만 배열에 담아 반환합니다.

이제 allPhotos 쿼리를 다음과 같이 보내 봅시다.

```
query photos {
  allPhotos {
    name
    url
    postedBy {
      name
    }
  }
}
```

각 사진에 대한 쿼리를 작성할 때 게시자에 대한 정보도 포함할 수 있습니다. 리졸버 함수는 사용자 객체 정보를 가져다가 해당되는 것만 반환합니다. 예제에서는 게시자의 이름만 쿼리에 넣었습니다. 쿼리 후 반환되는 JSON 데이터는 샘플 데이터가 존재하기 때문에 다음과 같이 나오게 됩니다.

```
{
  "data": {
    "allPhotos": [
      {
        "name": "Dropping the Heart Chute",
        "url": "http://yoursite.com/img/1.jpg",
        "postedBy": {
          "name": "Glen Plake"
        }
      },
      {
```

```
          "name": "Enjoying the sunshine",
          "url": "http://yoursite.com/img/2.jpg",
          "postedBy": {
            "name": "Scot Schmidt"
          }
        },
        {
          "name": "Gunbarrel 25",
          "url": "http://yoursite.com/img/3.jpg",
          "postedBy": {
            "name": "Scot Schmidt"
          }
        }
      ]
    }
}
```

리졸버 안에서 데이터의 연결 관계를 만드는 일은 직접 해야 합니다. 데이터 간의 관계를 빨리 만들어 두면 사용자가 조금이라도 더 편하게 쿼리 요청을 보낼 수 있게 됩니다. 다음 절에서는 다대다 관계를 만드는 방법에 대해 알아보겠습니다.

다대다 관계

다음으로 서비스에 추가하고자 하는 기능은 사진에 사용자를 태그하는 기능입니다. User 한 명이 여러 장의 사진에 태그될 수 있고, Photo 한 장에는 여러 명의 사용자가 태그될 수 있습니다. 사진 태그 기능으로 인해 사용자와 사진 간에 **다대다**(many-to-many) 관계가 생성됩니다.

다대다 관계를 만들기 위해 Photo에 taggedUsers 필드를 추가하고 User에 inPhotos 필드를 추가합니다. typeDefs를 다음과 같이 수정합니다.

```
type User {
  ...
  inPhotos: [Photo!]!
}

type Photo {
  ...
```

```
    taggedUsers: [User!]!
}
```

taggedUsers 필드는 사용자 리스트를 반환하고, inPhotos 필드는 사용자가 태그된 사진 리스트를 반환합니다. 다대다 관계 테스트를 위해 샘플 태그 데이터가 담긴 배열을 추가합니다.

```
var tags = [
  { photoID: '1', userID: 'gPlake' },
  { photoID: '2', userID: 'sSchmidt' },
  { photoID: '2', userID: 'mHattrup' },
  { photoID: '2', userID: 'gPlake' }
]
```

사진이 한 장 있으면 이 안에 태그된 사용자를 찾기 위해 데이터를 찾아봐야 합니다. 사용자가 한 명 있을 때, 이 사용자가 태그된 사진을 전부 찾아 배열로 반환합니다. 지금은 자바스크립트 배열에 데이터를 담아 두었으므로, 리졸버 함수에서 배열 메서드를 사용해 데이터를 찾아 반환합니다.

```
Photo: {
  ...
  taggedUsers: parent => tags
    // 현재 사진에 대한 태그만 배열에 담아 반환합니다.
    .filter(tag => tag.photoID === parent.id)

    // 태그 배열을 userID 배열로 변환합니다.
    .map(tag => tag.userID)

    // userID 배열을 사용자 객체 배열로 변환합니다.
    .map(userID => users.find(u => u.githubLogin === userID))
},
User: {
  ...
  inPhotos: parent => tags

    // 현재 사용자에 대한 태그만 배열에 담아 반환합니다.
    .filter(tag => tag.userID === parent.id)

    // 태그 배열을 photoID 배열로 변환합니다.
```

```
    .map(tag => tag.photoID)

// photoID 배열을 사진 객체 배열로 변환합니다.
    .map(photoID => photos.find(p => p.id === photoID))
}
```

taggedUsers 필드 리졸버 함수에서 현재 타깃이 되는 사진 외의 다른 사진은 전부 필터링한 후, 반환되는 리스트를 실제 User 객체 배열로 만듭니다. inPhotos 필드 리졸버는 사용자와 관련 있는 태그만 골라 이를 실제 Photo 객체로 변환합니다.

이제 GraphQL 쿼리를 보내 각각의 사진에 태그되어 있는 사용자를 조회할 수 있습니다.

```
query listPhotos {
  allPhotos {
    url
    taggedUsers {
      name
    }
  }
}
```

tags 배열을 코드에서 사용했지만 Tag라는 GraphQL 타입을 만들지는 않았습니다. GraphQL은 데이터 모델이 스키마 타입과 반드시 매칭하도록 강제하지 않습니다. User 타입이나 Photo 타입만을 사용해 특정 사진에 태그된 사용자를 찾거나, 특정 사용자가 태그된 사진을 충분히 찾을 수 있습니다. 클라이언트 쪽에서 사진이나 사용자 쿼리를 쉽게 작성할 수 있도록 리졸버 함수를 사용해 태그되어 있는 사용자나 사진을 찾는 기능을 이미 구현해 두었기 때문에, Tag 타입 쿼리는 사용할 일이 없습니다. 만들면 코드만 더 복잡해질 뿐입니다.

5.2.5 커스텀 스칼라

4장에서 다루었듯이, GraphQL에는 모든 필드에 사용할 수 있는 기본적인 스칼라 타입이 있습니다. Int, Float, String, Boolean, ID 같은 스칼라 타입은 대부분의 상황에서 사용할 수 있습니다. 그러나 가끔은 데이터 요구 사항에 맞추어 스칼라 타입을 직접 만들어야 할 때가 있습니다.

스칼라 타입을 직접 만들 때는 타입 직렬화와 유효성 검사 방식을 고려해야 합니다. DateTime 타입을 만들려고 한다면 유효한 DateTime에 대한 정의가 우선되어야 합니다.

typeDefs에 직접 만든 DateTime 스칼라 타입을 추가하여 Photo 타입의 created 필드에서 사용합니다. created 필드는 사진이 게시된 날짜와 시간을 기록하는 용도입니다.

```
const typeDefs = `
  scalar DateTime
  type Photo {
    ...
    created: DateTime!
  }
  ...
`
```

스키마에 기재된 타입은 전부 리졸버와 매칭되어야 합니다. 그렇기 때문에 created 필드는 DateTime 타입 리졸버와 매칭이 되어야 합니다. DateTime 스칼라 타입은 자바스크립트 Date 타입을 전부 파싱하여 유효성 검사를 실시하기 위해 만들었습니다.

날짜와 시간을 문자열로 표현하는 방법은 다양합니다. 다음은 모두 유효한 날짜 문자열 표기법입니다.

- "4/18/2018"
- "4/18/2018 1:30:00 PM"
- "Sun Apr 15 2018 12:10:17 GMT-0700 (PDT)"
- "2018-04-15T19:09:57.308Z"

위 형식 중 하나를 사용해 자바스크립트 Date 객체를 만들 수 있습니다.

```
var d = new Date("4/18/2018")
console.log( d.toISOString() )
// "2018-04-18T07:00:00.000Z"
```

하나의 형식을 골라 날짜 객체를 만든 후, Date 문자열을 ISO 형식의 날
짜로 변환했습니다.

자바스크립트 Date 객체가 처리하지 못하는 형식은 모두 유효성 검사
를 통과하지 못한 것이 됩니다. 시험 삼아 다음의 데이터를 파싱해 보겠
습니다.

```
var d = new Date("Tuesday March")
console.log( d.toString() )
// "Invalid Date"
```

사진의 created 필드에 대한 쿼리를 작성할 때는 ISO 형식의 문자열 값
을 필드 반환 값으로 받을 것이라 예상할 수 있습니다. 필드 반환 값으
로 날짜 값을 받으면, 이를 ISO 형식 문자열 값으로 직렬화합니다.

```
const serialize = value => new Date(value).toISOString()
```

serialize 함수는 객체에서 필드 값을 가져다가 사용합니다. 필드의 날
짜 값이 자바스크립트 객체, 혹은 유효한 Date 문자열로 되어 있다면,
이 값은 GraphQL로 인해 ISO Date 형식으로 변환됩니다.

스키마에 스칼라 타입을 구현해 두었다면, 이 타입을 쿼리 인자로 사
용할 수 있습니다. allPhotos 쿼리에 사용할 필터를 만들었다고 가정해
봅시다. 그렇다면 다음 쿼리에서는 특정일 이후에 찍힌 사진 목록만 반
환합니다.

```
type Query {
  ...
  allPhotos(after: DateTime): [Photo!]!
}
```

쿼리 타입에 이 필드가 있다면 클라이언트 쪽에서 DateTime 값이 포함
된 쿼리를 보내도 됩니다.

```
query recentPhotos(after:DateTime) {
  allPhotos(after: $after) {
    name
    url
  }
}
```

쿼리 변수로 $after 인자를 보내도 됩니다.

```
{
  "after": "4/18/2018"
}
```

after 인자는 리졸버로 보내기 전에 자바스크립트 Date 객체로 변환시켜야 합니다.

```
const parseValue = value => new Date(value)
```

parseValue 함수로 쿼리와 함께 받아 오는 문자열 값을 변환합니다. parseValue 함수에서 반환하는 모든 값은 리졸버 함수의 인자로 보내지게 됩니다.

```
const resolvers = {
  Query: {
    allPhotos: (parent, args) => {
      args.after // JavaScript Date Object
      ...
    }
  }
}
```

커스텀 스칼라 타입을 만들 때 날짜 값을 직렬화 및 파싱할 수 있도록 만들이야 합니다. 날짜 문자열을 처리해야 할 부분이 한 곳 더 있습니다. 이때는 클라이언트에서 쿼리에 자체적으로 문자열 값을 추가해 주어야 합니다.

```
query {
  allPhotos(after: "4/18/2018") {
    name
```

```
    url
  }
}
```

after 인자는 쿼리 변수로 넘기지 않고, 코드에 곧장 써 줍니다. 인자 값은 쿼리를 추상 구문 트리(AST)로 변환한 다음, 파싱을 하기 전에 추출해야 합니다. parseLiteral 함수를 사용해 파싱 전의 인자 값을 쿼리에서 가져옵니다.

```
const parseLiteral = ast => ast.value
```

쿼리에 직접 추가된 데이터 값을 얻을 때는 parseLiteral 함수를 사용합니다. 지금은 값을 반환해 주는 것이 전부지만, 필요하다면 함수에 부가적인 파싱 단계를 추가할 수도 있습니다.

커스텀 스칼라 타입에서 DateTime 값을 다룰 수 있도록 하려면 앞에 나온 세 가지 함수가 전부 필요합니다. 커스텀 DateTime 스칼라 타입을 리졸버 함수 코드에 추가해 봅시다.

```
const { GraphQLScalarType } = require('graphql')
...
const resolvers = {
  Query: { ... },
  Mutation: { ... },
  Photo: { ... },
  User: { ... },
  DateTime: new GraphQLScalarType({
    name: 'DateTime',
    description: 'A valid date time value.',
    parseValue: value => new Date(value),
    serialize: value => new Date(value).toISOString(),
    parseLiteral: ast => ast.value
  })
}
```

GraphQLScalarType 객체로 커스텀 스칼라 타입에 대응하는 리졸버를 만들었습니다. DateTime 리졸버는 다른 리졸버들 사이에 놓입니다. 스칼라 타입을 새로 만들 때는 serialize, parseValue, parseLiteral 함수를

추가하여 DateType 스칼라 타입을 구현할 때 사용하는 필드나 인자를
관리합니다.

샘플 날짜

데이터 안에 created 키와 날짜 값을 꼭 넣도록 합니다. 유효한 날짜 문자열이나
날짜 객체 아무거나 필드 값으로 넣어도 잘 동작하는데 이는 값이 반환되기 전에
직렬화 과정을 거치기 때문입니다.

```
var photos = [
  {
    ...
    "created": "3-28-1977"
  },
  {
    ...
    "created": "1-2-1985"
  },
  {
    ...
    "created": "2018-04-15T19:09:57.308Z"
  }
]
```

셀렉션 세트 안에 DateTime 필드를 넣으면 이 날짜와 타입이 ISO 날짜
문자열로 형식이 맞춰집니다.

```
query listPhotos {
  allPhotos {
    name
    created
  }
}
```

이제 남은 일은 사진이 게시되는 시점의 시간을 기록하는 일입니다. 모
든 사진에 created 필드를 추가하고 자바스크립트 Date 객체를 사용해
현재 DateTime을 써 줍니다.

```
function postPhoto (parent, args) {
  var newPhoto = {
    id: _id++,
    ...args.input,
    created: new Date()
  }
  photos.push(newPhoto)
  return newPhoto
}
```

이제 사진이 새로 게재될 때마다 그 날짜와 시간이 정보에 찍히게 됩니다.

5.3 apollo-server-express

이미 실제 서비스 중인 앱에 아폴로 서버를 추가해야 하거나, 익스프레스 미들웨어를 서버에 사용해 장점을 누리고 싶은 경우도 있습니다. 이런 경우 apollo-server-express가 하나의 선택지가 될 수 있습니다. 아폴로 서버의 최신 기능을 사용하면서 환경 설정도 좀 더 자유로이 할 수 있습니다. 아폴로 서버 익스프레스(Apollo Server Express)를 사용해 서버 코드를 리팩토링해 보겠습니다. 홈 라우트, 플레이그라운드 라우트 그리고 나중에 서버로 업로드 후 저장될 이미지용 라우트를 작성해 봅니다.

우선 apollo-server를 제거합니다.

```
npm remove apollo-server
```

그 다음 apollo-server-express와 express를 설치합니다.

```
npm install apollo-server-express express
```

 익스프레스

익스프레스(Express)는 현재까지 가장 유명한 Node.js 프로젝트 중 하나입니다. Node.js 웹 애플리케이션을 빠르고 효율적으로 설정할 수 있는 프로젝트입니다.

이제 index.js 파일을 리팩토링합니다. apollo-server-express를 사용하기 위해 require 문을 수정합니다. 그 다음 express를 불러옵니다.

```
// 1. `apollo-server-express`와 `express`를 require합니다.
const { ApolloServer } = require('apollo-server-express')
const express = require('express')

...

// 2. `express()`를 호출하여 익스프레스 애플리케이션을 만듭니다.
var app = express()

const server = new ApolloServer({ typeDefs, resolvers })

// 3. `applyMiddleware()`를 호출하여 미들웨어가 같은 경로에 마운트되도록 합니다.
server.applyMiddleware({ app })

// 4. 홈 라우트를 만듭니다.
app.get('/', (req, res) => res.end('PhotoShare API에 오신 것을 환영합니다'))

// 5. 특정 포트에서 리스닝을 시작합니다.
app.listen({ port: 4000 }, () =>
  console.log(`GraphQL Server running @ http://localhost:4000${server.
graphqlPath}`)
)
```

익스프레스를 코드에 적용하면 프레임워크에서 제공하는 미들웨어 함수의 장점을 누릴 수 있습니다. applyMiddleware라는 express 함수를 호출하면 미들웨어를 서버에 통합시킬 수 있습니다. 그 다음에 라우트를 생성하면 됩니다. 이제 http://localhost:4000에 들어가 보면 'PhotoShare API에 오신 것을 환영합니다'라는 페이지가 뜹니다. 임시로 만든 페이지입니다.

다음으로 http://localhost:4000/playground에서 실행할 GraphQL 플레이그라운드 라우트를 만들어 봅니다. npm 헬퍼 패키지를 설치하여 만듭니다. 제일 먼저 graphql-playground-middleware-express 패키지를 설치합니다.

```
npm install graphql-playground-middleware-express
```

인덱스 파일 가장 위쪽에 require 문을 써 줍니다.

```
const expressPlayground = require('graphql-playground-middleware-
express').default

...

app.get('/playground', expressPlayground({ endpoint: '/graphql' }))
```

익스프레스로 플레이그라운드 라우트를 만들었으니, 이제부터는 http://
localhost:4000/playground로 들어가서 플레이그라운드에 접속하면 됩
니다.

apollo-server-express를 사용한 서버 설정을 마쳤으며, 다음 세 개
의 라우트를 독립적으로 생성했습니다.

- 홈 페이지용 /
- GraphQL 엔드포인트용 /graphql
- GraphQL 플레이그라운드용 /playground

이쯤에서 typeDefs와 resolvers를 별도의 파일로 각각 분리해 인덱스
파일의 길이를 줄여 봅시다.

typeDefs.graphql이라는 파일을 생성하여 프로젝트 루트에 둡니다.
이 파일에는 스키마 텍스트가 들어갑니다. 리졸버도 resolvers 폴더 밑
으로 옮깁니다. index.js 파일 안에 리졸버 함수를 전부 넣거나, 여기 저
장소[5]에서 하는 것처럼 각각을 파일로 분리하여 모듈화시켜 두어도 됩
니다.

분리 작업 후에는 다음처럼 typeDefs와 resolvers를 인덱스 파일로
불러옵니다. Node.js의 fs 모듈로 typeDefs.graphql 파일의 내용을 읽
어들입니다.

```
const { ApolloServer } = require('apollo-server-express')
const express = require('express')
```

---

5 *https://github.com/MoonHighway/learning-graphql/tree/master/chapter-05/photo-share-api/resolvers*

```
const expressPlayground = require('graphql-playground-middleware-
express').default
const { readFileSync } = require('fs')

const typeDefs = readFileSync('./typeDefs.graphql', 'UTF-8')
const resolvers = require('./resolvers')

var app = express()

const server = new ApolloServer({ typeDefs, resolvers })

server.applyMiddleware({ app })

app.get('/', (req, res) => res.end('Welcome to the PhotoShare API'))
app.get('/playground', expressPlayground({ endpoint: '/graphql' }))

app.listen({ port: 4000 }, () =>
  console.log(`GraphQL Server running at http://localhost:4000${server.
graphqlPath}`)
)
```

이제 서버 리팩토링이 끝났으니 다음 단계로 갈 준비가 되었습니다. 데이터베이스를 연결할 차례입니다.

5.4 컨텍스트

이번 절에서는 **컨텍스트**(context)에 대해 알아봅니다. 컨텍스트에 전역으로 사용할 값을 저장해 두면, 리졸버 함수에서 이 값에 접근할 수 있습니다. 컨텍스트에는 인증 정보, 데이터베이스 세부 정보, 로컬 데이터 캐시, 그 외 GraphQL 리졸버 기능에 필요한 모든 정보를 넣어 둘 수 있습니다.

리졸버 함수 안에서 REST API와 데이터베이스 호출을 직접 해도 되나, 일반적으로 이런 로직은 객체로 추상화하여 컨텍스트에 넣어 둡니다. 이를 통해 관심사 분리를 강제적으로 진행할 수 있으며, 나중에 리팩토링을 더 쉽게 할 수 있습니다. 아폴로 데이터 소스(Apollo Data Source)에서 REST 데이터에 접근할 때도 컨텍스트를 활용할 수 있습니다. 이에 관한 더 자세한 정보는 문서의 아폴로 데이터 소스 절[6]을 참고하시면 됩니다.

지금은 앱에 내재된 몇 가지 문제점을 해결하기 위해 컨텍스트를 활용해 보겠습니다. 첫 번째 문제는 데이터를 메모리에 저장하고 있다는 것인데, 이러면 확장성이 매우 떨어집니다. ID 값도 데이터 변형 시점에 하나씩 증가시키고 있으므로 좋은 방식이 아닙니다. 데이터베이스를 사용해 값을 저장하고 ID를 생성하도록 수정하겠습니다. 리졸버 함수는 컨텍스트를 통해 데이터베이스에 접근하도록 만듭니다.

5.4.1 MongoDB 설치하기

GraphQL은 데이터베이스 종류에 영향을 받지 않습니다. Postgres, MongoDB, SQL Server, Firebase, MySQL, Redis, Elastic 등 많은 데이터베이스 중에 필요한 것을 골라 사용하면 됩니다. Node.js 커뮤니티 안에서는 MongoDB가 인기가 많으므로 이를 사용하겠습니다.

Mac에서 MongoDB를 사용하려면 일단 Homebrew가 있어야 합니다. Homebrew는 *https://brew.sh*에 들어가면 설치할 수 있습니다.[7] Homebrew를 설치하고 나서 다음 명령어를 사용해 MongoDB를 설치합니다.

```
brew tap mongodb/brew
brew install mongodb-community
brew services start mongodb-community
```

MongoDB 설치가 제대로 되었다면 이제 로컬 MongoDB 인스턴스를 가지고 데이터 읽기 및 쓰기 작업을 하면 됩니다.

✅ **윈도우 사용자를 위한 알림**

윈도우에서 MongoDB 로컬 버전을 실행하려면 *http://bit.ly/inst-mdb-windows*를 읽어 보세요.

---

6 *https://www.apollographql.com/docs/apollo-server/features/data-sources*
7 (옮긴이) 2019년 10월, MongoDB의 최신 버전은 4.2x인데 Homebrew를 통해 설치하는 방식이 변경되어 수정했습니다.

MongoDB 업그레이드와 에러 대처 방법

이미 Homebrew를 통해 설치한 3.x 버전의 MongoDB를 업그레이드하고 싶다면 다음과 같이 기존 버전을 먼저 삭제해야 됩니다.

```
brew services stop mongodb
brew uninstall mongodb
```

오픈 소스 라이선스 문제 때문에 homebrew-core에서 MongoDB가 제거되어, 현재는 개발 팀에서 자체적으로 커스텀 tab을 만들어 운영 중이라고 합니다. 저장소 주소는 *https://github.com/mongodb/homebrew-brew*입니다.[8]

그리고 새 버전을 받아 실행했는데 Exception; Collection does not have UUID in KVCatalog와 같은 에러가 나올 수도 있습니다. 그때는 다음과 같이 기존 로컬에 있던 /data/db를 삭제하고, 같은 이름으로 읽기와 쓰기 권한이 부여된 폴더를 재생성한 후 DB를 시작하면 됩니다.[9]

```
sudo mkdir -p /data/db
sudo chown -R `id -un` /data/db
```

그림 5-1의 mLab[10]과 같이 온라인 MongoDB 서비스를 사용해도 됩니다. mLab은 무료 샌드박스 데이터베이스를 제공합니다.

그림 5-1 mLab

---

8 (옮긴이) *https://superuser.com/questions/1478156/error-mongodb-unknown-version-mountain-lion*
9 (옮긴이) *https://stackoverflow.com/questions/41420466/mongodb-shuts-down-with-code-100*
10 (옮긴이) *https://mlab.com*

5.4.2 컨텍스트에 데이터베이스 추가하기

이제 데이터베이스를 연결하고 컨텍스트도 연결합니다. mongodb 패키지를 데이터베이스 통신용으로 사용합니다. npm install mongodb 명령어로 패키지를 설치합니다.

패키지 설치 후에는 아폴로 서버 설정 파일인 index.js를 수정합니다. 서비스 구동을 위해 mongodb가 데이터베이스에 성공적으로 연결될 때까지 기다려야 합니다. 그리고 DB_HOST라는 환경 변수로 데이터베이스 호스트 정보를 빼 두어야 합니다. 프로젝트 루트에 .env 파일을 만들고 환경 변수를 담아 두어 프로젝트 여기저기서 사용할 수 있도록 만듭니다.

MongoDB가 로컬에서 실행되고 있다면 URL의 형식은 다음과 같습니다.

```
DB_HOST=mongodb://localhost:27017/<데이터베이스-이름>
```

mLab의 URL은 다음과 같습니다. 데이터베이스 사용자 및 비밀번호를 생성하여 <db사용자>와 <db비밀번호>에 넣습니다.

```
DB_HOST=mongodb://<db사용자>:<db비밀번호>@5555.mlab.com:5555/<데이터베이스-이름>
```

이제 서비스 시작 전에 데이터베이스 연결 및 컨텍스트 객체 생성 작업이 진행되도록 만듭니다. DB_HOST URL을 불러오기 위해 dotenv 패키지를 사용합니다.

```
const { MongoClient } = require('mongodb')
require('dotenv').config()

...

// 비동기 함수를 생성합니다.
async function start() {
  const app = express()
  const MONGO_DB = process.env.DB_HOST

  const client = await MongoClient.connect(
    MONGO_DB,
    { useNewUrlParser: true }
```

```
  )
  const db = client.db()

  const context = { db }

  const server = new ApolloServer({ typeDefs, resolvers, context })

  server.applyMiddleware({ app })

  app.get('/', (req, res) => res.end('Welcome to the PhotoShare API'))

  app.get('/playground', expressPlayground({ endpoint: '/graphql' }))

  app.listen({ port: 4000 }, () =>
    console.log(
      `GraphQL Server running at http://localhost:4000${server.
graphqlPath}`
    )
  )
}

// 시작 준비를 마친 후에 함수를 호출합니다.
start()
```

비동기 start 함수를 호출하면 데이터베이스가 앱에 연결됩니다. 연결
성공까지 시간이 어느 정도 걸립니다. 비동기 함수는 프로미스가 await
키워드를 해결할 때까지 기다리도록 붙잡아 둡니다. 이 함수에서 제일
먼저 하는 일은 로컬, 혹은 원격 데이터베이스 연결이 성공적으로 이루
어질 때까지 기다리는 것입니다. 데이터베이스에 연결되었다면 컨텍스
트 객체에 연결 정보가 추가되고 서버가 시작됩니다.

　이제 쿼리 리졸버에서 배열 대신 MongoDB 콜렉션 안의 정보를 반환
하도록 만들 수 있습니다. totalUsers와 allUsers에 관한 쿼리와 스키
마도 추가해 봅시다.

스키마

```
type Query {
  ...
  totalUsers: Int!
  allUsers: [User!]!
}
```

리졸버

```
Query: {
  totalPhotos: (parent, args, { db }) =>
    db.collection('photos')
      .estimatedDocumentCount(),

  allPhotos: (parent, args, { db }) =>
    db.collection('photos')
      .find()
      .toArray(),

  totalUsers: (parent, args, { db }) =>
    db.collection('users')
      .estimatedDocumentCount(),

  allUsers: (parent, args, { db }) =>
    db.collection('users')
      .find()
      .toArray()
}
```

MongoDB 콜렉션 접근은 db.collection('photo')에서 이루어집니다. .estimatedDocumentCount()를 사용해 콜렉션 안의 도큐먼트 수를 얻습니다. .find().toArray()는 콜렉션 안의 모든 도큐먼트를 리스트로 받아서 배열로 변환합니다. photos 콜렉션이 비어 있어도 코드는 동작합니다. 그러나 totalPhotos와 totalUsers 리졸버 함수는 아무것도 반환하지 말아야 합니다. allPhotos와 allUsers 리졸버 함수는 빈 배열을 반환해야 합니다.

사용자가 데이터베이스에 사진을 추가하려면 로그인이 되어 있어야 합니다. 다음 절에서는 깃허브를 통한 사용자 인증 과정을 진행해 보고 데이터베이스에 첫 사진을 추가해 봅시다.

5.5 깃허브 인증

사용자 권한 부여(authorization) 및 인증(authentication)[11] 과정은 애플

---

11 (옮긴이) 권한 부여(authorization)는 시스템 접근 권한을 다루는 반면, 인증(authentication)은 신원 확인에 집중합니다.

리케이션의 핵심입니다. 소셜 사용자 인증을 통해 이 과정을 진행할 수도 있는데, 소셜 서비스 공급자 쪽에서 계정 관리에 대한 세부적인 내용을 대신 책임지기 때문에 신경쓸 부분이 적어서 편합니다. 사용자 쪽에서도 이미 친숙한 소셜 서비스를 통해 로그인하는 것이기 때문에 좀 더 안정감을 느끼는 경향이 있습니다. 이미 깃허브 계정을 가지고 있을 확률이 높다 생각하여 예제 사진 공유 앱에서는 깃허브 사용자 인증 방식을 사용하겠습니다. (계정이 없다 해도 쉽고 간편하게 하나 만들 수 있습니다!)[12]

5.5.1 깃허브 OAuth 설정

시작하기 전에 깃허브 권한 인증과 관련된 설정을 먼저 해야, 진행하는 데 차질이 없습니다. 다음 단계들을 밟으시면 됩니다.

1. *https://www.github.com*에 가서 로그인한다.
2. 계정 관리(Settings)로 간다.
3. 개발자 관리(Developer Settings)로 간다.
4. OAuth App 탭을 선택한 후 'New OAuth App' (혹은 'Register a new application') 버튼을 클릭한다.
5. 다음과 같이 설정한다(그림 5-2 참고).

   애플리케이션 이름(Application name): Localhost 3000

   홈페이지 URL(Homepage URL): *http://localhost:3000*

   애플리케이션 설명(Application description): 로컬 깃허브 테스트를 위한 인증

   인증 콜백 URL(Authorization callback URL): *http://localhost:3000*

6. 등록(Register application) 버튼을 클릭한다.
7. OAuth 계정 페이지로 가서 그림 5-3처럼 `client_id`, `client_secret` 정보를 얻는다.

---

12 *https://www.github.com*에서 계정을 만듭니다.

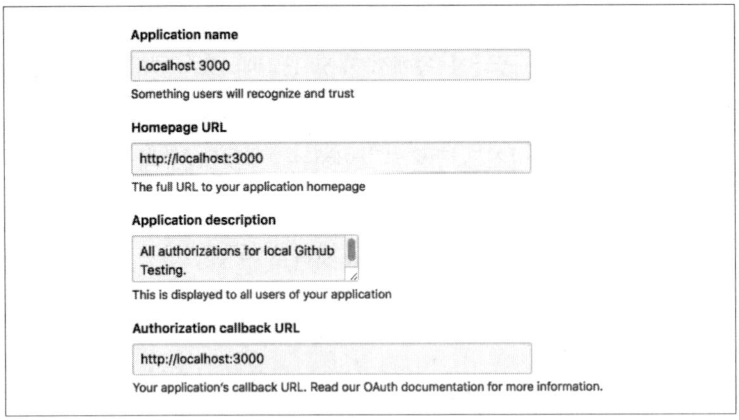

그림 5-2 새로 만드는 중인 OAuth 앱

그림 5-3 OAuth 앱 설정

설정을 마치면 깃허브의 auth 토큰 및 사용자 정보를 얻을 수 있습니다. 이 중 우리가 특히 필요한 정보는 client_id와 client_secret입니다.

5.5.2 권한 부여 과정

깃허브 사용자 인증은 클라이언트와 서버 모두에서 진행됩니다. 이 절에서는 서버 과정만 다루며, 6장에서는 클라이언트 쪽을 다룹니다. 다음 그림 5-4에서 보듯, 전체 권한 부여 과정은 일련의 단계를 밟아 진행됩니다. 굵게 표시된 단계는 서버 쪽에서 일어나는 일이며, 이 장에서 다루는 내용입니다.

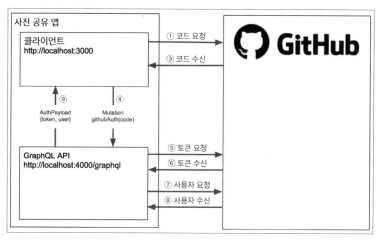

그림 5-4 권한 부여 과정

1. 클라이언트: client_id가 담긴 URL로 깃허브에 코드를 요청합니다.
2. 사용자: 클라이언트 애플리케이션에서 사용할 수 있도록 깃허브 계정 정보 접근에 대한 권한을 수락합니다.
3. 깃허브: OAuth 리다이렉트 URL로 코드를 보냅니다(*http://localhost: 3000?code=XYZ*).
4. **클라이언트: 코드와 함께 GraphQL 뮤테이션 githubAuth(code)를 보냅니다.**
5. **GraphQL API: client_id, client_secret, client_code 등과 같은 자격 정보(credential)와 함께 깃허브 access_token을 요청합니다.**

6. 깃허브: access_token이 담긴 응답을 보내 줍니다. 이 토큰은 나중에 요청에 넣어 사용합니다.

7. GraphQL API: access_token과 함께 사용자 정보를 요청합니다.

8. 깃허브: 사용자 정보(name, githubLogin, avatar)를 담아 응답을 보냅니다.

9. GraphQL API: AuthPayload를 가지고 authUser(code) 뮤테이션을 처리합니다. AuthPayload에는 토큰과 사용자에 대한 정보가 들어 있습니다.

10. 클라이언트: 토큰을 저장합니다. 토큰은 나중에 GraphQL 요청을 보낼 때 같이 보냅니다.

githubAuth 뮤테이션을 먼저 구현할 것이기 때문에 지금은 앞의 코드가 존재한다 가정하겠습니다. 코드를 사용해 토큰을 받고 난 후에는 새로운 사용자 정보와 토큰을 로컬 데이터베이스에 저장합니다. 그리고 그 정보는 클라이언트 쪽으로 돌려 보냅니다. 클라이언트는 토큰을 로컬에 저장하고 요청을 보낼 때마다 이 토큰을 담아 함께 보냅니다. 토큰은 사용자를 인증하고 데이터에 접근할 때 사용합니다.

5.5.3 githubAuth 뮤테이션

깃허브 뮤테이션으로 사용자 권한 인증 과정을 구현할 수 있습니다. 4장에서 스키마에 사용할 목적으로 AuthPayload라는 페이로드 타입을 하나 만들었습니다. typeDefs에 AuthPayload와 githubAuth 뮤테이션을 추가해 보겠습니다.

```
type AuthPayload {
  token: String!
  user: User!
}

type Mutation {
  ...
  githubAuth(code: String!): AuthPayload!
}
```

AuthPayload 타입은 권한 인증 뮤테이션의 응답 용도로만 사용합니다. 응답에는 뮤테이션에 의해 인증이 완료된 사용자 정보가 토큰과 함께 들어 있습니다. 후에 추가 요청이 발생하면 토큰을 활용해 사용자를 식별합니다.

githubAuth 리졸버 코드를 작성하기 전에 깃허브 API 요청을 다루는 두 개의 함수를 만들어야 합니다.

```
const requestGithubToken = credentials =>
  fetch("https://github.com/login/oauth/access_token", {
    method: "POST",
    headers: {
      "Content-Type": "application/json",
      Accept: "application/json"
    },
    body: JSON.stringify(credentials)
  })
    .then(res => res.json())
    .catch(error => {
      throw new Error(JSON.stringify(error));
    });
```

requestGithubToken 함수는 페치(fetch) 프로미스를 반환합니다. 그리고 credentials는 깃허브 API URL로 전달되어 POST 요청 바디에 들어가게 됩니다. credentials에는 client_id, client_secret, code, 이 세 가지가 담겨 있습니다. 요청이 처리되면 깃허브 응답을 JSON으로 파싱합니다. 이 함수에 credentials를 전달하여 깃허브 액세스 토큰을 요청하면 됩니다. 이 함수와 다른 몇 가지 헬퍼 함수를 보려면 저장소[13]의 lib.js 파일을 참조하세요.

깃허브 토큰을 받아 왔다면 현재 사용자의 계정 정보에 접근할 차례입니다. 구체적으로 말하면 사용자의 깃허브 로그인, 사용자 이름, 프로필 사진이 필요합니다. 세 가지 정보를 얻으려면 이전 요청에서 받은 접근 token을 사용해 깃허브 API 요청을 한 번 더 보내야 합니다.

---

[13] *https://github.com/MoonHighway/learning-graphql/blob/master/chapter-05/photo-share-api/lib.js*

```
const requestGithubUserAccount = token =>
  fetch(`https://api.github.com/user?access_token=${token}`)
    .then(toJSON)
    .catch(throwError);
```

이 함수 역시 페치 프로미스를 반환합니다. 액세스 토근만 가지고 있나면 함수에서 사용하는 깃허브 API 라우트를 통해 현재 사용자 정보를 열람할 수 있습니다.

이제 두 요청을 하나의 비동기 함수로 합쳐서 깃허브 사용자 권한 인증을 합니다.

```
async authorizeWithGithub(credentials) {
  const { access_token } = await requestGithubToken(credentials)
  const githubUser = await requestGithubUserAccount(access_token)
  return { ...githubUser, access_token }
}
```

async / await 덕분에 비동기 요청을 여러 개 다룰 수 있습니다. 제일 먼저 액세스 토큰을 요청한 후 응답을 기다립니다. 그리고 access_token을 사용해 깃허브 사용자 계정 정보를 요청하고 응답을 기다립니다. 필요한 데이터가 다 갖추어지면 하나의 객체 안에 전부 넣습니다.

리졸버 함수 기능을 보충해 줄 헬퍼 함수 역시 만들었습니다. 이제 실제로 깃허브에서 토큰과 사용자 계정 정보를 받아 오는 리졸버 함수를 작성해 봅시다.

```
const githubAuth = async (parent, { code }, { db }) => {
  // 1. 깃허브에서 데이터를 받아 옵니다.
  let {
    message,
    access_token,
    avatar_url,
    login,
    name
  } = await authorizeWithGithub({
    client_id: <YOUR_CLIENT_ID_HERE>,
    client_secret: <YOUR_CLIENT_SECRET_HERE>,
    code
  });
  // 2. 메시지가 있다면 무언가 잘못된 것입니다.
```

```
  if (message) {
    throw new Error(message);
  }
  // 3. 결과 값을 하나의 객체 안에 담습니다.
  let latestUserInfo = {
    name,
    githubLogin: login,
    githubToken: access_token,
    avatar: avatar_url
  };
  // 4. 데이터를 새로 추가하거나 이미 있는 데이터를 업데이트합니다.
  const {
    ops: [user]
  } = await db
    .collection("users")
    .replaceOne({ githubLogin: login }, latestUserInfo, { upsert: true
});
  // 5. 사용자 데이터와 토큰을 반환합니다.
  return { user, token: access_token };
};
```

리졸버 함수는 비동기로 작성할 수도 있습니다. 함수를 비동기로 만들면 결과 값을 클라이언트로 반환하기 전에 네트워크 응답이 올 때까지 기다려야 합니다. githubAuth 리졸버는 비동기인데, 깃허브에서 보내는 응답을 두 개나 받아야 데이터 반환이 가능하기 때문입니다.

깃허브에서 데이터를 받아 온 후에는 로컬 데이터베이스를 확인하여 사용자가 이전에 앱에 로그인한 적이 있었는지 확인합니다. 이미 로그인한 적이 있다면 계정을 가지고 있다는 의미입니다. 계정을 가지고 있다면, 깃허브에서 받아 온 정보로 계정 세부 정보를 업데이트합니다. 이전에 로그인한 이후로 사용자가 깃허브 프로필 사진이나 이름을 바꿨을지도 모릅니다. 계정을 아직 가지고 있지 않다면 신규 사용자로 콜렉션에 추가합니다. 두 경우 모두 리졸버 함수에서 user와 token 정보를 반환합니다.

이제 권한 부여 과정을 테스트하겠습니다. 먼저 코드가 있어야 합니다. 다음 URL에 여러분 클라이언트 ID를 추가해 코느틀 얻어 옵니다.

```
https://github.com/login/oauth/authorize?client_id=YOUR-ID-HERE&scope=user
```

URL에 여러분의 깃허브 client_id를 넣고 브라우저 새 창을 열어 주소 바에 입력하세요. 깃허브로 리다이렉팅하게 될 텐데, 그러면 앱 인증 동의 페이지가 뜹니다. 앱 인증을 마치면 깃허브에서는 코드와 함께 http://localhost:3000으로 리다이렉팅합니다.

```
http://locahost:3000?code=XYZ
```

여기서는 코드가 XYZ라고 가정합니다. 브라우저 URL에서 코드를 복사해 githubAuth 뮤테이션에 넣어 보냅니다.

```
mutation {
  githubAuth(code:"XYZ") {
    token
    user {
      githubLogin
      name
      avatar
    }
  }
}
```

뮤테이션이 완료되면 현재 사용자에 대한 권한 인증 과정이 마무리되며, 사용자 정보가 담긴 토큰이 반환됩니다. 이 토큰은 저장해 두어야 합니다. 다음번에 요청을 보낼 때 헤더에 토큰을 넣어야 하기 때문입니다.

! BAD CREDENTIALS

'Bad Credentials(인증이 잘못됨)' 에러는 깃허브 API로 보낸 클라이언트 ID, 클라이언트 시크릿, 혹은 코드 값 중 뭔가 잘못되었다는 뜻입니다. 클라이언트 ID와 시크릿 값이 정확한지 확인해 보세요. 주로 코드 값 때문에 이런 에러가 발생합니다.

깃허브 코드는 시간 제한을 걸 때 사용하기 좋으며, 한 번만 사용할 수 있습니다. 인증 정보 요청을 보낸 후 리졸버 함수에 버그가 생긴다면 요청에 담긴 코드는 유효성을 잃어버립니다. 보통은 깃허브에서 코드 값을 새로 받아 와서 에러를 해결합니다.

5.5.4 사용자 권한 인증

요청을 할 때마다 Authorization 헤더에 토큰을 넣어야 사용자 식별을 할 수 있습니다. 데이터베이스 레코드와 토큰을 대조하여 사용자 식별 작업을 합니다.

GraphQL 플레이그라운드에는 요청 헤더를 추가할 수 있는 곳이 있습니다. 하단 구석에 'Query Variables' 탭 바로 오른쪽에 'HTTP Headers' 탭이 있습니다. 이 탭에서 HTTP 요청 헤더를 추가할 수 있습니다. 헤더에 들어갈 내용을 JSON으로 작성하면 됩니다.

```
{
  "Authorization": "<YOUR_TOKEN>"
}
```

<YOUR_TOKEN> 부분을 githubAuth 뮤테이션에서 받은 토큰으로 대체합니다. 이제 GraphQL 요청을 보낼 때마다 토큰을 인증용으로 사용합니다. 토큰으로 계정을 찾아 그 정보를 컨텍스트에 추가하는 작업을 할 차례입니다.

me 쿼리

현재 사용자의 정보를 받아 오는 me 쿼리를 작성하겠습니다. HTTP 요청 헤더 안에 들어 있는 토큰을 기반으로 현재 로그인된 사용자의 정보를 쿼리에서 반환합니다. 로그인이 완료된 사용자가 없다면 null을 반환합니다.

클라이언트 쪽에서 Authorization: true와 함께 me GraphQL 쿼리를 보내는 것으로 과정이 시작됩니다. 쿼리 요청이 들어오면 API에서 Authorization 헤더 토큰을 추출하여 데이터베이스에서 현재 사용자 레코드를 찾을 때 사용합니다. 현재 사용자 계정을 컨텍스트에 추가하는 일도 합니다. 컨텍스트에 계정 정보를 한 번만 넣어 두면 이를 통해 모든 리졸버 함수에서 현재 사용자 정보에 접근할 수 있습니다.

직접 구현해야 하는 부분은 현재 사용자 정보를 식별하여 컨텍스트에 넣는 기능입니다. 서비 설정 코드를 수정하겠습니다. 컨텍스트 객체의 빌드 방식을 수정해야 합니다. 객체 대신에 함수가 컨텍스트를 다루도록 코드를 바꿉니다.

```
async function start() {
  const app = express()
  const MONGO_DB = process.env.DB_HOST

  const client = await MongoClient.connect(
    MONGO_DB,
    { useNewUrlParser: true }
  )

  const db = client.db()

  const server = new ApolloServer({
    typeDefs,
    resolvers,
    context: async ({ req }) => {
      const githubToken = req.headers.authorization
      const currentUser = await db.collection('users').findOne({
githubToken })
      return { db, currentUser }
    }
  })
  ...
}
```

컨텍스트는 객체나 함수로 만듭니다. 여기서는 요청이 있을 때마다 컨텍스트 설정이 이루어지도록 함수로 만들겠습니다. GraphQL 요청이 있을 때마다 컨텍스트 함수가 호출됩니다. 함수에서 반환하는 객체 컨텍스트는 리졸버 함수로 전달됩니다.

요청에 포함된 권한 인증 헤더를 컨텍스트 함수에서 받아 파싱하여 토큰을 얻습니다. 이 토큰으로 사용자 데이터를 검색합니다. 사용자가 데이터베이스에 존재한다면 정보를 컨텍스트에 추가합니다. 존재하지 않는다면 null 값을 추가합니다.

코드 정리가 끝났다면 me 쿼리를 추가해 보겠습니다. 제일 먼저 typeDefs를 수정해야 합니다.

```
type Query {
  me: User
```

```
  ...
}
```

me 쿼리는 사용자, 혹은 null 값을 반환합니다. 사용자의 권한 인증 처리가 불가하다면 null을 반환합니다. me 쿼리의 리졸버 함수를 만들어 봅시다.

```
const resolvers = {
  Query: {
    me: (parent, args, { currentUser }) => currentUser,
    ...
  }
}
```

토큰 기반 사용자 식별 기능의 핵심 부분 구현은 완료했습니다. 현 시점에서 컨텍스트는 currentUser 객체를 반환합니다. 다시 한번 말하지만, 사용자 데이터가 없다면 null을 반환합니다.

HTTP 권한 인증 헤더에 토큰이 제대로 추가되었다면 me 쿼리로 사용자 정보(내 정보) 요청을 보낼 수 있습니다.

```
query currentUser {
  me {
    githubLogin
    name
    avatar
  }
}
```

이 쿼리를 실행하면 사용자 식별이 이루어집니다. 쿼리 동작을 테스트하는 좋은 방법은 인증 헤더 없이 쿼리를 실행해 보거나, 잘못된 토큰을 보내 보는 것입니다. 잘못된 토큰을 사용하거나 헤더 없이 쿼리를 실행하면 me 쿼리 결과 값이 null임을 확인할 수 있습니다.

postPhoto 뮤테이션

사용자는 로그인을 해야 애플리케이션에 사진을 게시할 수 있습니다. postPhoto 뮤테이션으로 컨텍스트를 체크하여 누가 로그인한 상태인지 확인합니다. postPhoto 뮤테이션 코드를 수정해 보겠습니다.

```
const postPhoto = async (parent, args, { db, currentUser }) => {
  // 1. 컨텍스트에 사용자가 존재하지 않는다면 에러를 던집니다.
  if (!currentUser) {
    throw new Error("only an authorized user can post a photo");
  }

  // 2. 현재 사용자의 id와 사진을 저장합니다.
  const newPhoto = {
    ...args.input,
    userID: currentUser.githubLogin,
    created: new Date()
  };

  // 3. 데이터베이스에 새로운 사진을 넣고, 반환되는 id 값을 받습니다.
  const { insertedIds } = await db.collection("photos").
insert(newPhoto);
  newPhoto.id = insertedIds[0];

  return newPhoto;
};
```

데이터베이스에 사진을 신규 저장하는 기능을 구현하기 위해 postPhoto 뮤테이션 코드를 일부 수정했습니다. 가장 먼저 컨텍스트에서 current User 값을 얻습니다. 만약 값이 null이면 에러를 던져서 postPhoto 뮤테이션이 더는 실행되지 않도록 합니다. 사진을 게시하려면 반드시 사용자의 Authorization 헤더에 제대로 된 토큰이 들어 있어야 합니다.

사용자 정보가 있다면 현재 사용자의 ID를 newPhoto 객체에 추가합니다. 이후 사진 데이터를 데이터베이스의 사진 컬렉션에 추가하면 됩니다. MongoDB는 도큐먼트를 저장하면 ID 값을 생성해 줍니다. 새로운 사진을 추가한 다음 insertedIds 배열에서 사진 ID 값을 추출합니다. 사진을 반환하기 전에 반드시 ID 값이 존재하는지 확인해야 합니다.

Photo 리졸버 함수도 수정해야 합니다.

```
const resolvers = {
  ...
  Photo: {
    id: parent => parent.id || parent._id,
```

```
    url: parent => `/img/photos/${parent._id}.jpg`,
    postedBy: (parent, args, { db }) =>
        db.collection('users').findOne({ githubLogin: parent.userID })
}
```

제일 먼저, 클라이언트 쪽에서 사진 ID를 요청하면 제대로 된 ID 값인
지 확인이 필요합니다. 만약 이제 막 데이터베이스에서 사진 도큐먼트
가 생성되었다면 ID 값이 없고 _id 필드에 값이 저장됩니다. 사진 ID 필
드 값이 데이터베이스 ID와 일치하는지 확인해야 합니다.

지금은 동일한 웹 서버에서 사진을 관리하는 상황이라고 가정하겠습
니다. 서버에서는 사진의 로컬 라우트를 반환해야 합니다. 로컬 라우트
는 사진의 ID를 사용해 만듭니다.

마지막으로 postedBy 리졸버 함수를 수정해 데이터베이스에 사진을
추가한 작업자를 찾아볼 수 있게 만듭니다. parent 사진이 저장될 때 같
이 들어간 userID 값으로 데이터베이스에서 사용자 기록을 찾아봅니
다. 사진의 userID는 사용자의 githubLogin과 일치해야 합니다. 따라서
findOne() 메서드를 사용해 게시자를 검색했을 때 한 사람만 나와야 합
니다.

여기까지 마쳤다면 헤더의 권한 인증 토큰을 사용해 GraphQL 서비
스에 사진을 게시할 수 있습니다.

```
mutation post($input: PostPhotoInput!) {
  postPhoto(input: $input) {
    id
    url
    postedBy {
      name
      avatar
    }
  }
}
```

사진을 게시한 이후에는 사진의 id나 url, 게시자의 name이나 avatar 정
보를 요청할 수 있습니다.

임시 사용자 뮤테이션 추가

사용자 데이터를 추가로 더 만들어 애플리케이션을 테스트해 보고 싶다면, random.me API로 사용자를 임시로 생성하여 데이터베이스를 채우는 뮤테이션을 만들어야 합니다.

뮤테이션의 이름은 addFakeUsers로 하겠습니다. 우선 다음 코드를 스키마에 추가합니다.

```
type Mutation {
  addFakeUsers(count: Int = 1): [User!]!
  ...
}
```

뮤테이션에서는 생성할 임시 사용자 수를 인자로 받아 사용자 리스트를 반환합니다. 리스트에는 뮤테이션이 생성한 임시 사용 계정이 들어 있습니다. 기본적으로는 한 번에 사용자를 한 명만 추가하지만, 인자 수를 변경하면 사용자를 여러 명 추가할 수 있습니다.

```
addFakeUsers: async (root, { count }, { db }) => {
  var randomUserApi = `https://randomuser.me/api/?results=${count}`

  var { results } = await fetch(randomUserApi).then(res => res.json())

  var users = results.map(r => ({
    githubLogin: r.login.username,
    name: `${r.name.first} ${r.name.last}`,
    avatar: r.picture.thumbnail,
    githubToken: r.login.sha1
  }))

  await db.collection('users').insert(users)

  return users
}
```

사용자 추가 기능 테스트는 randomuser.me에서 임시 데이터를 받는 것으로 시작합니다. addFakeUsers는 비동기 함수로, 데이터 페칭 때 사용합니다. 그 다음, randomuser.me 데이터를 직렬화하여 스키마와 동일한 사용자 객체를 만듭니다. 새로 만들어 낸 사용자 데이터를 데이터베이스에 추가하고 새로운 사용자 리스트를 반환하면 됩니다.

이제 뮤테이션을 사용해 데이터베이스를 채웁니다.

```
mutation {
  addFakeUsers(count: 3) {
    name
  }
}
```

데이터베이스에 세 명의 임시 사용자가 추가됩니다. 임시 사용자 데이터를 갖추었으니 뮤테이션을 통해 계정 로그인을 합니다. Mutation 타입에 fakeUserAuth를 추가하면 됩니다.

```
type Mutation {
  fakeUserAuth(githubLogin: ID!): AuthPayload!
  ...
}
```

그 다음, 임시 사용자 권한 인증 토큰을 반환하는 리졸버 함수를 추가합니다.

```
const fakeUserAuth = async (parent, { githubLogin }, { db }) => {
  var user = await db.collection('users').findOne({ githubLogin })

  if (!user) {
    throw new Error(`Cannot find user with githubLogin
"${githubLogin}"`)
  }

  return {
    token: user.githubToken,
    user
  }
}
```

fakeUserAuth 리졸버는 뮤테이션 인자에서 githubLogin을 받아서 데이터베이스에서 사용자를 검색합니다. 사용자를 찾은 후에는 그 토큰과 사용자 계정을 AuthPayload 타입 형태로 만들어 반환합니다.

이제 뮤테이션을 사용해 임시 사용자 권한 인증 작업을 진행하면 됩니다.

```
mutation {
  fakeUserAuth(githubLogin:"jDoe") {
    token
  }
}
```

임시 사용자가 사진을 게시할 수 있도록 뮤테이션에서 반환하는 토큰은 HTTP 헤더 authorization에 넣어 사용합니다.

5.6 마치며

GraphQL 서버를 성공적으로 만들어 보았습니다. 리졸버 함수를 시작으로 쿼리와 뮤테이션, 깃허브 권한 인증 작업까지 다루어 보았고, 액세스 토큰으로 현재 사용자를 식별하는 작업도 했습니다. 액세스 토큰은 모든 요청의 헤더에 추가됩니다. 마지막으로 리졸버 컨텍스트에서 사용자 정보를 얻은 후 사진을 게시할 수 있도록 뮤테이션 코드를 수정했습니다.

이 장에서 만든 사진 앱의 완성 버전을 보고 싶으면 책의 저장소[14]를 참고하면 됩니다. 앱 실행 전에 데이터베이스와 깃허브 OAuth 자격 정보를 제공해 주어야 합니다. .env 파일을 프로젝트 루트에 새로 만들어 이 값들을 파일에 추가합니다.

```
DB_HOST=<YOUR_MONGODB_HOST>
CLIENT_ID=<YOUR_GITHUB_CLIENT_ID>
CLIENT_SECRET=<YOUR_GITHUB_CLIENT_SECRET>
```

.env 파일을 만들었으니 프로젝트 의존 패키지를 설치할 차례입니다. yarn이나 npm install 명령어를 실행한 후, yarn start 혹은 npm start 를 통해 서비스를 시작합니다. 4000번 포트에서 돌아가는 것을 확인했

---

14 *https://github.com/MoonHighway/learning-graphql/tree/master/chapter-05/photo-share-api*

다면 http://localhost:4000/playground로 들어가 쿼리 요청을 보냅니
다. http://localhost:4000 페이지에 있는 링크를 클릭하면 깃허브 코
드 요청을 보낼 수 있습니다. 다른 클라이언트에서 GraphQL 엔드포인
트에 접근하고 싶다면 http://localhost:4000/graphql을 사용하면 됩
니다.

GraphQL API를 개선해 서브스크립션과 파일 업로드를 다루는 법은
7장에서 알아봅니다. 그러나 그 전에 우선 클라이언트에서 API를 사용
하는 법을 알아야 합니다. 6장에서는 서비스의 프론트엔드 영역을 구축
해 보겠습니다.

6장

GraphQL 클라이언트

GraphQL 서버를 만들었으니 이제 GraphQL 클라이언트 작업을 할 차례입니다. 간단히 말하자면 클라이언트는 서버와 통신하는 애플리케이션에 불과합니다. GraphQL의 장점은 유연함이기 때문에 클라이언트를 만들 때도 딱히 따라야 할 규칙이 없습니다. 또한 프로그래밍 언어나 만들고자 하는 앱의 종류도 자유롭게 선택할 수 있습니다. 클라이언트 앱이 웹 브라우저용일 수도 있고, 핸드폰에서 쓸 네이티브 애플리케이션이 될 수도 있습니다. 아니면 냉장고에 붙은 스크린에서 쓸 GraphQL 서비스일 수도 있습니다.

쿼리와 뮤테이션을 보낼 때 유일하게 신경써야 할 것은 HTTP 요청이 가능한지 여부입니다. 요청에 대한 응답으로 서비스에서 데이터를 보내면 어떤 클라이언트에서든 이를 받아 사용할 수 있습니다.

6.1 GraphQL API 사용하기

클라이언트에서 GraphQL을 사용하는 가장 쉬운 방법은 HTTP 요청을 엔드포인트에 보내는 것입니다. 5장에서 만든 서버를 테스트하려면 `http://localhost:4000/graphql`에서 서비스가 실행 중이어야 합니다. CodeSandbox에도 샘플을 바로 볼 수 있도록 준비해 두었으니, 6장 저장소의 링크[1]를 통해 들어가시면 됩니다.

6.1.1 fetch 요청

3장에서는 cURL을 사용해 GraphQL 서비스에 요청을 보냈습니다. 이
번에도 cURL을 사용하지만 값을 조금 다르게 합니다.

- **쿼리**: {totalPhotos, totalUsers}
- **GraphQL 엔드포인트**: http://localhost:4000/graphql
- **콘텐츠 타입**: Content-Type: application/json

터미널이나 커맨드 프롬프트에서 POST 메서드를 사용해 cURL 요청을
보내면 됩니다.

```
curl -X POST \
    -H "Content-Type: application/json" \
    --data '{ "query": "{totalUsers, totalPhotos}" }' \
    http://localhost:4000/graphql
```

요청을 보내면 JSON 형식의 결과 값({"data":{"totalUsers":7,"total
Photos":4}})을 받게 됩니다. totalUsers와 totalPhotos에 현재 데이터
가 반영됩니다. 셸 스크립트를 클라이언트로 사용하면 cURL로 스크립
트를 작성하면 됩니다.

cURL을 제외한 다른 HTTP 요청 수단도 전부 사용할 수 있습니다. 브
라우저에서 동작하는 fetch를 사용해 간단한 클라이언트를 만들어 보
겠습니다.

```
var query = `{totalPhotos, totalUsers}`
var url = 'http://localhost:4000/graphql'

var opts = {
  method: 'POST',
  headers: { 'Content-Type': 'application/json' },
  body: JSON.stringify({ query })
```

---

1 *https://github.com/MoonHighway/learning-graphql/tree/master/chapter-06*

```
}

fetch(url, opts)
  .then(res => res.json())
  .then(console.log)
  .catch(console.error)
```

데이터를 가져온 후 기대되는 결과 값은 다음과 같습니다.

```
{
  "data": {
    "totalPhotos": 4,
    "totalUsers": 7
  }
}
```

결과 데이터로 클라이언트 애플리케이션을 만들면 됩니다. totalUsers
와 totalPhotos를 DOM에 직접 넣는 방법은 다음과 같습니다.

```
fetch(url, opts)
  .then(res => res.json())
  .then(({data}) => `
      <p>photos: ${data.totalPhotos}</p>
      <p>users: ${data.totalUsers}</p>
  `)
  .then(text => document.body.innerHTML = text)
  .catch(console.error)
```

결과 데이터를 콘솔에 직접 찍는 대신 HTML 텍스트를 만들어 화면에 그
렸습니다. 도큐먼트 바디에 HTML 텍스트를 바로 넣으면 됩니다. 요청이
완료되면 기존 바디 텍스트가 완전히 대체될 수도 있으니 조심하세요.

만약 HTTP 요청 클라이언트 툴 중에 선호하는 것이 있다면, GraphQL
API와 통신할 수 있는 클라이언트 애플리케이션을 만들 때 필요한 툴을
이미 갖춘 셈입니다.

6.1.2 graphql-request

cURL과 fetch 말고도 GraphQL API와 통신 가능한 프레임워크가 몇
가지 더 있습니다. 잘 알려진 것 중 하나가 graphql-request입니다.

graphql-request는 fetch 요청을 프로미스로 감싸, 이를 GraphQL 서버에 요청 보낼 때 사용합니다. 데이터 요청 및 파싱 과정에서 필요한 세부 작업도 알아서 수행합니다.

graphql-request를 사용하려면 패키지 설치부터 해야 합니다

```
npm install graphql-request
```

설치가 다 되었다면 request 모듈을 불러와 사용합니다. 이때 4000번 포트에서 사진 서비스가 실행 중이어야 합니다.

```
import { request } from 'graphql-request'

var query = `
  query listUsers {
    allUsers {
      name
      avatar
    }
  }
`

request('http://localhost:4000/graphql', query)
  .then(console.log)
  .catch(console.error)
```

URL과 query를 받아 서버에 요청을 보내고 데이터를 반환하는 함수 코드를 한 줄로 작성했습니다. 함수에서 반환하는 데이터는 예상했던 바와 같이 모든 사용자가 들어 있는 JSON 응답입니다.

```
{
  "allUsers": [
    { "name": "sharon adams", "avatar": "http://..." },
    { "name": "sarah ronau", "avatar": "http://..." },
    { "name": "paul young", "avatar": "http://..." },
  ]
}
```

클라이언트에서 데이터를 바로 사용하면 됩니다.

graphql-request로는 뮤테이션 요청을 보낼 수도 있습니다.

```
import { request } from 'graphql-request'

var url = 'http://localhost:4000/graphql'

var mutation = `
  mutation populate($count: Int!) {
    addFakeUsers(count:$count) {
      id
      name
    }
  }
`

var variables = { count: 3 }

request(url, mutation, variables)
  .then(console.log)
  .catch(console.error)
```

request 함수는 API URL, 뮤테이션, 변수 이렇게 세 가지 인자를 받습니다. 변수 인자는 쿼리 변수의 값과 필드를 전달받는 자바스크립트 객체에 불과합니다. request 함수 호출 후에 addFakeUsers 뮤테이션을 실행합니다.

graphql-request는 UI 라이브러리나 프레임워크를 이어 주는 제대로 된 채널은 아니나, 상당히 간단한 방식으로 이들 사이의 가교가 될 수 있습니다. graphql-request를 사용해 React 컴포넌트에서 데이터를 불러오는 작업을 하겠습니다. 예제 6-1을 참고하면 됩니다.

예제 6-1 graphql-request와 React

```
import React from 'react'
import ReactDOM from 'react-dom'
import { request } from 'graphql-request'

var url = 'http://localhost:4000/graphql'

var query = `
  query listUsers {
    allUsers {
      avatar
      name
    }
```

```
    }
  `

var mutation = `
  mutation populate($count: Int!) {
    addFakeUsers(count:$count) {
      githubLogin
    }
  }
`

const App = ({ users=[] }) =>
  <div>
    {users.map(user =>
      <div key={user.githubLogin}>
        <img src={user.avatar} alt="" />
        {user.name}
      </div>
    )}
    <button onClick={addUser}>Add User</button>
  </div>

const render = ({ allUsers=[] }) =>
  ReactDOM.render(
    <App users={allUsers} />,
    document.getElementById('root')
  )

const addUser = () =>
  request(url, mutation, {count:1})
    .then(requestAndRender)
    .catch(console.error)

const requestAndRender = () =>
  request(url, query)
    .then(render)
    .catch(console.error)

requestAndRender()
```

React와 ReactDOM을 불러오는 것으로 코드가 시작됩니다. 다음에는
App 컴포넌트를 만듭니다. App에서 프로퍼티로 받는 users를 사용해 각
각의 user에 대한 div 요소를 만듭니다. 그 안에는 avatar와 username이
들어갑니다. render 함수는 App을 #root 요소에 렌더링하며, allUsers
를 프로퍼티로 전달합니다.

그 후 requestAndRender 함수를 호출합니다. 이 함수 안에서 graphql-request의 request가 호출됩니다. 쿼리를 실행하여 데이터를 받고 render를 호출하는데 이때 App 컴포넌트에 데이터가 전달됩니다.

앱의 규모는 작지만 뮤테이션도 한번 다뤄봤습니다. App 컴포넌트 안에 버튼이 있는데, addUser 함수가 호출되는 onClick 이벤트가 걸려 있습니다. 함수가 호출되면 관련 뮤테이션이 전송된 후, requestAndRender가 호출됩니다. 그러면 서비스 사용자에 대한 요청이 새로 진행되며, 여기서 반환된 새로운 사용자 리스트를 가지고 <App /> 화면이 다시 렌더링됩니다.

지금까지 GraphQL로 클라이언트 앱을 만드는 몇 가지 방법을 살펴보았습니다. cURL로 셸 스크립트를 작성하거나, fetch를 가지고 웹 페이지를 만드는 방법이 있었습니다. graphql-request로 앱 속도를 약간 더 빠르게 만들 수도 있습니다. 여기까지만 알아 두어도 상관없으나, 이보다 더 위력적인 GraphQL 클라이언트를 만드는 방법이 아직 남아 있기는 합니다. 이제부터 살펴보겠습니다.

6.2 아폴로 클라이언트

REST를 사용하면 캐시 다루기가 쉽다는 장점이 있습니다. 요청에 대한 응답 데이터를 캐시에 저장할 수 있는데, 요청을 보낼 때 사용한 URL 하위에 저장합니다. 문제없이 간단하게 끝납니다. 그러나 GraphQL 캐싱은 살짝 더 까다롭습니다. GraphQL API의 라우트는 여러 개가 아닙니다. 모든 요청이 하나의 엔드포인트로 전달되며, 응답도 하나로 전달됩니다. 따라서 요청 URL 라우트의 하위에 데이터 캐싱을 쉽게 할 수가 없습니다.

팔팔하게 잘 돌아가는 성능 좋은 애플리케이션을 만들려면 쿼리와 쿼리의 결과물인 객체 값을 캐싱해야 합니다. 나름의 로컬 캐싱 방법을 갖추고 있어야 빠르고 효율적인 앱을 만드는 데 계속 집중할 수 있습니다. 직접 하나 만들어 볼 수도 있고, 이미 어느 정도 품질이 검증된 클라이언트를 사용해도 됩니다.

현재 사용되는 GraphQL 클라이언트 중 가장 유명한 것은 Relay와 아폴로 클라이언트입니다. Relay는 페이스북에 의해 2015년 오픈 소스로 공개되었습니다. GraphQL이 오픈 소스로 공개된 해와 같습니다. 실제 페이스북 제품에서 GraphQL을 사용하면서 배운 모든 것이 Relay에 담겨 있습니다. Relay는 React와 React Native만 지원하므로, React 외의 기술에서 사용할 GraphQL 클라이언트가 탄생할 여지가 있었습니다.

그래서 아폴로 클라이언트가 나왔습니다. Meteor 개발 그룹이 만든 아폴로 클라이언트는 커뮤니티 주도 프로젝트이며, 캐싱, 낙관적 (optimistic) UI[2] 업데이트 등의 목표를 달성하기 위한 GraphQL 클라이언트 솔루션입니다. React, Angular, Ember, Vue, iOS, Android 등과 함께 사용할 수 있도록 패키지가 제공됩니다.

서버 쪽에는 이미 아폴로에서 만든 툴을 사용했는데, 아폴로 클라이언트는 클라이언트에서 서버로 요청을 보내고 받는 것에 특화되어 있습니다. 아폴로 링크를 같이 사용해 네트워크 요청을 처리하고, 아폴로 캐시로 모든 캐시 작업을 처리합니다. 아폴로 클라이언트에 이 링크와 캐시가 들어가며, GraphQL 서비스와의 소통을 원활하게 처리하는 책임이 부여됩니다.

여기서부터는 아폴로 클라이언트를 자세히 알아보는 데 집중하겠습니다. 비록 책에서는 React를 사용해 UI 컴포넌트를 만들지만, 다른 라이브러리나 프레임워크를 사용해도 책에서 설명한 테크닉은 대부분 적용할 수 있습니다.

6.3 React와 아폴로 클라이언트

애초에 React가 GraphQL의 등장에 한몫했기 때문에 이를 UI 라이브러리로 선택했습니다. 그러나 정작 React에 관해 충분히 설명한 적은 아직 없군요. 페이스북에서 만든 라이브러리로, 컴포넌트 기반의 설계 방식을 채택하여 UI를 관리할 수 있습니다. 이미 다른 UI 라이브러리를

---

2 (옮긴이) '낙관적 UI'란 서버로부터 응답을 받기도 전에 응답 결과를 미리 예상하여 뮤테이션과 업데이트 결과에 반영하는 패턴을 말합니다. 서버로부터 실제 응답이 오면 미리 낙관적으로 예상한 결과 값을 버리고 실제 결과 값을 사용합니다. 자세한 사항은 아폴로 공식 문서의 'Optimistic UI' 절을 참고하세요. *https://www.apollographql.com/docs/react/performance/optimistic-ui*

사용하고 있거나, 이 책 이후에 React를 다시 사용할 예정이 없더라도 괜찮습니다. 이 절에서 다루는 개념적인 내용은 다른 UI 프레임워크에도 적용할 수 있습니다.

6.3.1 프로젝트 설정

아폴로 클라이언트를 사용해 GraphQL 서비스와 상호 작용하는 React 앱을 만들어 보겠습니다. 일단 create-react-app을 사용해 프론트엔드 프로젝트의 골격을 잡아야 합니다. create-react-app을 사용하면 빌드 설정을 따로 할 필요 없이 React 프로젝트 전체를 생성할 수 있습니다. 이전에 create-react-app을 사용한 적이 없다면 제일 먼저 전역으로 패키지를 설치해야 합니다.

```
npm install -g create-react-app
```

설치가 완료되면 여러분 로컬의 아무 곳에나 React 프로젝트를 만들 수 있습니다.

```
create-react-app photo-share-client
```

이 명령어는 'photo-share-client'라는 폴더에 기본적인 React 애플리케이션을 생성해 줍니다. React 앱 실행 시 필요한 모든 것이 자동으로 추가 및 설치됩니다. 애플리케이션 실행은 'photo-share-application' 폴더로 들어가서 npm start 명령어로 합니다. 브라우저가 React 클라이언트 애플리케이션이 구동 중인 http://localhost:3000으로 열리게 됩니다. 저장소[3]에 가면 코드를 모두 볼 수 있으니 참고하세요.

6.3.2 아폴로 클라이언트 설정

아폴로 툴로 GraphQL 클라이언트를 만들려면 몇 가지 패키지를 설치해야 합니다. 가장 먼저 GraphQL 언어 파서가 들어 있는 graphql이 필요합니다. 그리고 apollo-boost 패키지가 있어야 합니다. 아폴로 글라

---

3 http://github.com/moonhighway/learning-graphql

이언트를 만들고 관련 기능을 실행하는 데 필요한 아폴로 패키지가 들어 있습니다. 그 다음 react-apollo가 필요합니다. npm 라이브러리이며, 아폴로로 UI를 만들 때 필요한 React 컴포넌트가 들어 있습니다.

패키지 세 개를 한 번에 설치하겠습니다.

```
npm install graphql apollo-boost react-apollo
```

클라이언트 작업 준비를 마쳤습니다. ApolloClient 생성자는 apollo-boost에 들어 있는데, 이를 사용해 클라이언트를 만듭니다. src/index.js 파일을 열고 코드를 다시 작성합니다.

```
import ApolloClient from 'apollo-boost'

const client = new ApolloClient({ uri: 'http://localhost:4000/graphql' })
```

ApolloClient 생성자로 client 인스턴스를 만들었습니다. http://localhost:4000/graphql에서 호스팅되는 GraphQL 서비스와의 네트워크 통신을 클라이언트에서 전담하게 되었습니다. 이제 아래처럼 클라이언트에서 PhotoShare 서비스로 쿼리를 보낼 수 있습니다.

```
import ApolloClient, { gql } from 'apollo-boost'

const client = new ApolloClient({ uri: 'http://localhost:4000/graphql' })

const query = gql`
  {
    totalUsers
    totalPhotos
  }
`

client.query({query})
  .then(({ data }) => console.log('data', data))
  .catch(console.error)
```

이 코드는 client를 통해 전체 사진 수와 전체 사용자 수 쿼리를 보냅니다. gql 함수를 apollo-boost에서 불러와야 합니다. 이 함수는 graphql-tag 패키지에 들어 있는데, apollo-boost에도 기본적으로 포함되어 있습니다. gql 함수는 쿼리를 AST(추상 구문 트리)로 변환할 때 사용합니다.

client.query({query})를 호출해 클라이언트로 AST를 보냅니다. 이 메서드는 프로미스를 반환합니다. 쿼리를 GraphQL 서비스로 HTTP 요청으로 보내고, 서비스에서 반환하는 데이터를 처리합니다. 앞의 예시에서는 응답을 콘솔에 로그로 남기고 있습니다.

```
{ totalUsers: 4, totalPhotos: 7, Symbol(id): "ROOT_QUERY" }
```

 GraphQL 서비스가 실행 중이어야 합니다

클라이언트가 서버에 제대로 연결되었는지 테스트하기 전에 먼저 GraphQL 서비스가 http://localhost:4000에서 실행되고 있나 확인해 보세요.

클라이언트는 GraphQL 서비스로 보내는 네트워크 요청을 다루는 일 말고도 응답을 로컬 메모리에 캐싱하는 일도 합니다. 아무 때나 client.extract()를 호출해 캐시 내부를 볼 수 있습니다.

```
console.log('cache', client.extract())
client.query({query})
  .then(() => console.log('cache', client.extract()))
  .catch(console.error)
```

위 코드에서는 쿼리를 보내기 전에 캐시를 한 번 보고, 쿼리 처리가 끝난 후에 캐시를 한 번 더 살펴봅니다. 클라이언트에서 관리하는 로컬 객체에 결과가 저장된 것을 확인할 수 있습니다.

```
{
  ROOT_QUERY: {
    totalPhotos: 4,
    totalUsers: 7
  }
}
```

다음 번에 이 데이터에 대한 쿼리를 클라이언트에서 보내면 GraphQL 서비스로 네트워크 요청을 보내는 대신에 캐시에서 해당 데이터를 읽어들입니다. 아폴로 클라이언트는 언제, 얼마나 자주 네트워크로 HTTP

요청을 보내야 하는지 설정할 수 있는 옵션을 제공합니다. 지금은 우선 아폴로 클라이언트를 사용해 GraphQL 서비스로 향하는 모든 네트워크 요청을 관리한다고 이해하는 것이 중요합니다. 첨언하자면 기본적으로 아폴로 클라이언트는 애플리케이션 성능 향상을 위해 요청에 관한 응답 결과를 로컬 캐시에 자동으로 저장하고, 요청 처리를 캐시로 위임합니다.

react-apollo를 사용하려면 우선 클라이언트를 만들고, Apollo Provider 컴포넌트와 함께 이를 사용자 인터페이스에 추가하면 됩니다. 다음과 같이 index.js 파일의 코드를 작성합니다.

```
import React from 'react'
import { render } from 'react-dom'
import App from './App'
import { ApolloProvider } from 'react-apollo'
import ApolloClient from 'apollo-boost'

const client = new ApolloClient({ uri: 'http://localhost:4000/graphql'
})

render(
  <ApolloProvider client={client}>
    <App />
  </ApolloProvider>,
  document.getElementById('root')
)
```

React와 아폴로를 같이 사용하기 위한 준비를 마쳤습니다. GraphQL 클라이언트를 만들어 ApolloProvider 컴포넌트의 도움을 받아 React의 전역 스코프 안에 두었습니다. ApolloProvider 안에 있는 자식 컴포넌트는 모두 GraphQL 클라이언트에 접근할 수 있습니다. <App />과 자식 컴포넌트는 모두 아폴로 클라이언트를 통해 GraphQL 서비스에서 데이터를 받을 준비가 된 셈입니다.

6.3.3 Query 컴포넌트

아폴로 클라이언트를 사용할 때는 데이터를 받아 와 React UI로 불러오는 쿼리를 다루어야 합니다. 데이터를 받아 로딩 상태를 관리하고 UI를 업데이트하는 일은 Query 컴포넌트에서 담당합니다. ApolloProvider 내부 아무데서나 Query 컴포넌트를 사용하면 됩니다. Query 컴포넌트는 클라이언트를 사용해 query를 보냅니다. 쿼리가 처리되면 UI에서 사용할 수 있는 데이터가 반환됩니다.

src/App.js 파일을 열고 안의 코드를 다음 코드로 대체합니다.

```
import React from 'react'
import Users from './Users'
import { gql } from 'apollo-boost'

export const ROOT_QUERY = gql`
  query allUsers
    totalUsers
      allUsers {
        githubLogin
        name
        avatar
      }
    }
`

const App = () => <Users />

export default App
```

App 컴포넌트에 ROOT_QUERY 쿼리를 만들었습니다. GraphQL을 사용하면 요청 한 번으로 UI 생성에 필요한 데이터를 모두 받을 수 있는 것이 장점입니다. 따라서 totalUsers 수와 allUsers 배열을 모두 요청하는 쿼리를 애플리케이션 루트에 만듭니다. gql 함수로 문자열 쿼리를 ROOT_QUERY라는 AST 객체로 변환한 후, 다른 컴포넌트에서 이를 사용할 수 있도록 내보냈습니다.

지금 쿼리를 사용해 보면 에러가 뜹니다. 만든 적도 없는 컴포넌트를 App에 렌더링하라고 요청했기 때문입니다. src/Users.js 파일을 하나 만들어 코드를 다음과 같이 작성합니다.

```
import React from 'react'
import { Query } from 'react-apollo'
```

```
import { ROOT_QUERY } from './App'

const Users = () =>
  <Query query={ROOT_QUERY}>
    {result =>
      <p>사용자 로딩 중: {result.loading ? "네" : "아니오"}</p>
    }
  </Query>

export default Users
```

이제 에러는 해결했고 "사용자 로딩 중: 아니오"라는 메시지가 브라우저 창에 뜨게 됩니다. 그 내부에서는 Query 컴포넌트가 GraphQL 서비스로 ROOT_QUERY를 보내고 있으며, 결과 값을 로컬에 캐싱하고 있습니다. 현재는 '렌더 프로퍼티(render props)'라는 React 테크닉을 사용해 결과를 받고 있습니다. 이 테크닉을 사용하면 함수 인자를 통해 프로퍼티를 자식 컴포넌트에 전달할 수 있습니다. 함수에서 result를 받아 와 paragraph 요소를 반환하는 부분을 눈여겨봐 주세요.

결과 값에는 응답 데이터 말고도 다른 정보가 들어 있습니다. result.loading 프로퍼티를 통해 쿼리 작업이 진행 중인지 알 수 있습니다. 이 예제는 현재 쿼리의 로딩 여부를 화면을 통해 알려 주고 있습니다.

✅ **HTTP 요청 속도 제한**

로컬의 네트워크 속도가 매우 빠르면 찰나의 순간에만 브라우저에서 로딩 프로퍼티를 볼 수 있습니다. 크롬 개발자 도구의 네트워크 탭을 사용하면 HTTP 요청 속도를 조정할 수 있습니다. 개발자 도구에 '온라인' 옵션이 기본 값으로 선택된 드롭다운 메뉴가 탭에 있습니다. 메뉴에서 '느린 3G'를 선택해 응답 속도를 느리게 만들면 브라우저에서 로딩 중 상태가 나오게 됩니다.

데이터 로딩이 완료되면 결과 값을 전달받습니다.

클라이언트 쪽에서 데이터를 불러올 때 '예' 또는 '아니오' 글자 대신 UI 컴포넌트를 보여줄 수도 있습니다. User.js 파일을 수정해 봅시다.

```
const Users = () =>
  <Query query={ROOT_QUERY}>
```

```
    {(({ data, loading }) => loading ?
      <p>사용자 불러오는 중...</p> :
        <UserList count={data.totalUsers} users={data.allUsers} />
    }
  </Query>

const UserList = ({ count, users }) =>
  <div>
    <p>{count} Users</p>
      <ul>
        {users.map(user =>
          <UserListItem key={user.githubLogin}
            name={user.name}
            avatar={user.avatar} />
        )}
      </ul>
  </div>

const UserListItem = ({ name, avatar }) =>
  <li>
    <img src={avatar} width={48} height={48} alt="" />
    {name}
  </li>
```

클라이언트에서 현재 쿼리 응답 데이터가 로딩 중이라면 "사용자 불러오는 중..."이라는 메시지를 노출합니다. 데이터 로딩이 끝나면 모든 사용자의 name, githubLogin, avatar 정보가 담긴 배열을 전체 사용자 수와 함께 UserList 컴포넌트로 전달합니다. 이들 데이터가 쿼리를 통해 요청한 데이터입니다. UserList 컴포넌트는 응답 데이터를 사용해 UI를 만듭니다. 전체 사용자 수와 함께 사용자의 이름과 아바타 이미지를 보여주는 UI입니다.

응답 객체는 페이지네이션(pagination), 리페칭(refetching), 폴링(polling) 용도의 유틸리티 함수를 가지고 있습니다. refetch 함수를 사용해 버튼을 클릭할 때마다 사용자 리스트를 리페치해 봅시다.

```
const Users = () =>
  <Query query={ROOT_QUERY}>
    {(({ data, loading, refetch }) => loading ?
      <p>사용자 불러오는 중...</p> :
        <UserList count={data.totalUsers}
```

```
            users={data.allUsers}
            refetchUsers={refetch} />
    }
  </Query>
```

서비에 데이디를 다시 요청하거나 ROOT_QUERY를 리페시할 때 사용할 수 있는 함수를 받았습니다. refetch 프로퍼티는 단순한 함수에 불과합니다. 이를 UserList에 전달하여 버튼 클릭 이벤트에서 사용하겠습니다.

```
const UserList = ({ count, users, refetchUsers }) =>
  <div>
    <p>{count} Users</p>
    <button onClick={() => refetchUsers()}>다시 가져오기</button>
    <ul>
      {users.map(user =>
        <UserListItem key={user.githubLogin}
          name={user.name}
          avatar={user.avatar} />
      )}
    </ul>
  </div>
```

UserList 안에서 refetch 함수를 사용해서 GraphQL 서비스에 동일한 루트 데이터를 요청합니다. '다시 가져오기' 버튼을 클릭할 때마다 GraphQL 엔드포인트로 쿼리가 전송되어 데이터 변경 사항을 다시 가져옵니다. 서버 쪽 데이터와 UI의 싱크를 맞추기 위한 방법입니다.

 테스트하려면 초기 데이터를 가져온 다음 사용자 데이터를 변경합니다. 사용자 컬렉션이나 도큐먼트를 MongoDB에서 직접 지우거나 서버 GraphQL 플레이 그라운드에서 쿼리를 보내 임시 사용자를 하나 더 추가하면 됩니다. 데이터베이스의 데이터를 변경한 후, '다시 가져오기' 버튼을 눌러 가장 최근의 데이터가 브라우저에 렌더링되도록 합니다.

Query 컴포넌트에서 제공하는 다른 옵션으로 폴링이 있습니다. poll Interval 프로퍼티를 Query 컴포넌트에 사용하면 주어진 간격마다 데이터를 자동으로 계속 가져옵니다.

```
<Query query={ROOT_QUERY} pollInterval={1000}>
```

pollInterval을 설정해 두면 데이터가 자동으로 그 시간 간격마다 갱신됩니다. 이 예제의 경우 서버에서 매 초마다 데이터를 다시 가져오도록 설정해 두었습니다. 실제로 매 초마다 네트워크 요청을 새로 보내게 되므로 조심해서 사용해야 합니다.

응답 객체에서 제공하는 옵션에는 loading, data, refetch 이 외에도 다음과 같은 것들이 있습니다.

stopPolling

폴링을 중단하는 함수

startPolling

폴링을 시작하는 함수

fetchMore

다음 페이지의 데이터를 가져오는 함수

다음으로 넘어가기 전에 일단 Query 컴포넌트의 pollInterval 프로퍼티는 전부 지웁니다. 예제를 진행하면서 폴링이 계속 일어나게 하고 싶지는 않으니까요.

6.3.4 Mutation 컴포넌트

GraphQL 서비스로 뮤테이션 요청을 보낼 때는 Mutation 컴포넌트를 사용하면 됩니다. 다음 예제는 이 컴포넌트를 사용한 addFakeUsers 뮤테이션에 관한 것입니다. 뮤테이션 요청이 일어날 때마다 신규 사용자 리스트가 캐싱됩니다.

Users.js 파일을 열어 가장 먼저 Mutation 컴포넌트를 불러온 후, 뮤테이션 코드를 추가합니다.

```
import { Query, Mutation } from 'react-apollo'
import { gql } from 'apollo-boost'

...
```

```
const ADD_FAKE_USERS_MUTATION = gql`
  mutation addFakeUsers($count:Int!) {
    addFakeUsers(count:$count) {
      githubLogin
      name
      avatar
    }
  }
`
```

뮤테이션을 만들었으므로 Mutation 컴포넌트와 같이 사용합니다. 이 컴
포넌트는 자식 컴포넌트에 렌더 프로퍼티로 함수를 전달합니다. 필요
할 때 함수를 통해 뮤테이션 요청을 보낼 수 있습니다.

```
const UserList = ({ count, users, refetchUsers }) =>
  <div>
    <p>{count} Users</p>
    <button onClick={() => refetchUsers()}>다시 가져오기</button>
    <Mutation mutation={ADD_FAKE_USERS_MUTATION} variables={{ count: 1 }}>
      {addFakeUsers =>
        <button onClick={addFakeUsers}>임시 사용자 추가</button>
      }
    </Mutation>
    <ul>
      {users.map(user =>
        <UserListItem key={user.githubLogin}
          name={user.name}
          avatar={user.avatar} />
      )}
    </ul>
  </div>
```

Query 컴포넌트로 query 프로퍼티를 부여할 때처럼 mutation 프로퍼티
를 Mutation 컴포넌트에 부여합니다. 여기서는 variables 프로퍼티도
사용하고 있습니다. 뮤테이션에 필요한 쿼리 변수를 전달할 때 사용합
니다. 이 경우 count를 1로 설정하여 한 번에 한 명의 사용자만 추가되
도록 만들었습니다. Mutation 컴포넌트는 addFakeUsers라는 함수를 사
용하는데, 이 함수를 호출하여 뮤테이션 요청을 보냅니다. 사용자가 '임
시 사용자 추가' 버튼을 누르면 뮤테이션 요청이 API로 전송됩니다.

이제부터 데이터베이스에 새로 사용자를 추가할 수 있습니다. 변경 사항을 화면에서 확인하고 싶다면 '다시 불러오기' 버튼을 누르는 수밖에 없습니다. 뮤테이션 요청이 완료되면 특정 쿼리를 다시 불러오도록 Mutation 컴포넌트를 설정할 수 있습니다. 그러면 버튼을 누르지 않아도 됩니다.

```
<Mutation mutation={ADD_FAKE_USERS_MUTATION}
  variables={{ count: 1 }}
  refetchQueries={[{ query: ROOT_QUERY }]}>
  {addFakeUsers =>
    <button onClick={addFakeUsers}>임시 사용자 추가</button>
  }
</Mutation>
```

refetchQueries는 뮤테이션 요청 후에 다시 실행할 쿼리를 설정해 두는 프로퍼티입니다. 쿼리가 담긴 객체 리스트를 값으로 주면 됩니다. 리스트 안의 쿼리는 뮤테이션이 완료된 후에 개별적으로 실행되고 이로 인해 기존의 데이터가 갱신됩니다.

6.4 인증

5장에서 깃허브 사용자 권한을 인증할 때 사용하는 뮤테이션을 만들었습니다. 이제 클라이언트 사용자 권한 인증 프로세스를 만드는 법에 대해 알아봅니다.

프로세스는 몇 단계로 이루어져 있습니다. 굵은 글씨로 표시된 부분이 클라이언트에 추가해야 하는 단계입니다.

클라이언트
client_id 정보와 함께 사용자를 깃허브로 리다이렉트시킵니다.

사용자
깃허브에서 클라이언트 애플리케이션에 대한 정보 제공 동의를 합니다.

깃허브

코드와 함께 사용자를 웹사이트(http://localhost:3000?code=XYZ)
로 리다이렉트시킵니다.

클라이언트

GraphQL 뮤테이션 authUser(code)를 보냅니다.

API

client_id, client_secret, client_code를 깃허브로 보내어 access_
token을 요청합니다.

깃허브

access_token을 담아 응답으로 보냅니다. 이 토큰은 사용자 정보 요
청을 보낼 때 같이 넣어 보냅니다.

API

access_token을 담아 사용자 정보에 대한 요청을 보냅니다.

깃허브

사용자 정보(name, github_login, avatar_url) 응답을 보냅니다.

API

AuthPayload가 담긴 authUser(code) 뮤테이션을 처리합니다.
AuthPayload에는 토큰과 사용자 정보가 들어 있습니다.

클라이언트

토큰을 저장하여 나중에 GraphQL 요청을 보낼 때 사용합니다.

6.4.1 사용자 권한 인증

이제 사용자 권한 인증 작업을 직접 해 볼 차례입니다. 예제를 진행하는
데 React Router가 필요하니 npm으로 설치하도록 합니다. (npm install
react-router-dom)

그리고 메인 <App /> 컴포넌트를 수정합니다. BrowserRouter를 가져
오고, AuthorizedUser라는 새로운 컴포넌트를 추가합니다. 이 컴포넌트
에서 깃허브 사용자 권한 인증 작업을 진행합니다.

```
import React from 'react'
import Users from './Users'
import { BrowserRouter } from 'react-router-dom'
import { gql } from 'apollo-boost'
import AuthorizedUser from './AuthorizedUser'

export const ROOT_QUERY = gql`
  query allUsers {
    totalUsers
    allUsers { ...userInfo }
    me { ...userInfo }
  }

  fragment userInfo on User {
   githubLogin
   name
   avatar
  }
`

const App = () =>
  <BrowserRouter>
    <div>
      <AuthorizedUser />
      <Users />
    </div>
  </BrowserRouter>

export default App
```

BrowserRouter로 렌더링할 다른 모든 컴포넌트를 감쌉니다. 그리고 새로 코드를 작성할 AuthorizedUser 컴포넌트도 추가합니다. 아직 컴포넌트 코드가 없으므로 지금은 에러가 나야 정상입니다.

ROOT_QUERY를 수정해 사용자 권한 인증 작업을 진행할 수 있도록 만듭니다. 지금은 추가로 me 필드를 요청하고 있는데, 이 필드는 로그인한 사용자의 정보를 반환합니다. 사용자가 로그인하지 않았다면 null을 반환합니다. 또한 쿼리 도큐먼트에 userInfo 프래그먼트를 추가합니다. 덕분에 me 필드와 allUsers 필드 두 군데에서 동일한 User 정보를 받아볼 수 있게 되었습니다.

AuthorizedUser 컴포넌트는 깃허브로 사용자를 리다이렉트시켜 코드 요청을 하도록 만듭니다. 깃허브는 http://localhost:3000에서 실행 중인 앱으로 코드를 보내 줍니다.

AuthorizedUser.js라는 파일에 다음과 같은 코드를 작성합니다

```
import React, { Component } from 'react'
import { withRouter } from 'react-router-dom'

class AuthorizedUser extends Component {

  state = { signingIn: false }

  componentDidMount() {
    if (window.location.search.match(/code=/)) {
      this.setState({ signingIn: true })
        const code = window.location.search.replace("?code=", "")
        alert(code)
        this.props.history.replace('/')
    }
  }

  requestCode() {
    var clientID = <YOUR_GITHUB_CLIENT_ID>
    window.location =
      `https://github.com/login/oauth/authorize?client_
id=${clientID}&scope=user`
  }

  render() {
    return (
      <button onClick={this.requestCode} disabled={this.state.
signingIn}>
        깃허브로 로그인
      </button>
    )
  }
}

export default withRouter(AuthorizedUser)
```

AuthorizedUser 컴포넌트는 '깃허브로 로그인' 버튼을 렌더링합니다. 클릭하면 사용자를 깃허브 OAuth 절차를 밟는 곳으로 리다이렉트시킵니

다. 인증이 완료되면 깃허브 측에서 패스 코드를 브라우저로(http://
localhost:3000?code=XYZGNARLYSENDABC) 되돌려 줍니다. 코드가 URL
쿼리 스트링 안에 존재하면 컴포넌트에서는 이를 파싱하여 경고창에 담
아 띄워 줍니다. 그 후 history 프로퍼티를 사용해 URL을 조작합니다.
이는 React Router에서 컴포넌트로 전달한 프로퍼티입니다.

이제 깃허브 코드를 경고창에 띄우지 않고 githubAuth 뮤테이션으로
보내도록 하겠습니다.

```
import { Mutation } from 'react-apollo'
import { gql } from 'apollo-boost'
import { ROOT_QUERY } from './App'

const GITHUB_AUTH_MUTATION = gql`
  mutation githubAuth($code:String!) {
    githubAuth(code:$code) { token }
  }
`
```

이 뮤테이션을 통해 현재 사용자에 대해서 권한 인증 작업을 진행합니
다. 컴포넌트 render 메서드에 뮤테이션 컴포넌트를 추가합니다.

```
render() {
  return (
    <Mutation mutation={GITHUB_AUTH_MUTATION}
      update={this.authorizationComplete}
      refetchQueries={[{ query: ROOT_QUERY }]}>

      {mutation => {
        this.githubAuthMutation = mutation
        return (
          <button
            onClick={this.requestCode}
            disabled={this.state.signingIn}>
              Sign In with GitHub
          </button>
        )
      }}
    </Mutation>
  )
}
```

Mutation 컴포넌트는 GITHUB_AUTH_MUTATION에 종속되어 있습니다. 뮤테이션이 완료되면 컴포넌트의 authorizationComplete 메서드를 호출하고 ROOT_QUERY를 다시 가져옵니다. 뮤테이션 함수는 AuthorizedUser 컴포넌트 스코프에 추가(this.githubAuthMutation = mutation)합니다. this.githubAuthMutation() 함수는 모든 준비가 끝나면(코드 작성을 다 마친 후) 호출하면 됩니다.

코드를 경고창에 노출하는 대신 뮤테이션에 넣어 보내어 현재 사용자 권한 인증을 진행하겠습니다. 인증이 완료되면 토큰을 localStorage에 저장하고 라우터의 history 프로퍼티를 사용해 URL에 들어 있는 코드를 지웁니다.

```
class AuthorizedUser extends Component {

  state = { signingIn: false }

  authorizationComplete = (cache, { data }) => {
    localStorage.setItem('token', data.githubAuth.token)
    this.props.history.replace('/')
    this.setState({ signingIn: false })
  }

  componentDidMount() {
    if (window.location.search.match(/code=/)) {
      this.setState({ signingIn: true })
      const code = window.location.search.replace("?code=", "")
      this.githubAuthMutation({ variables: {code} })
    }
  }

  ...
}
```

인증 과정을 시작하려면 먼저 뮤테이션 variable에 code를 추가한 후에 this.githubAuthMutation() 함수를 호출합니다. 이러한 과정이 끝나면 authorizationComplete 메서드가 호출됩니다. 이 메서드에 전달되는 data는 뮤테이션에서 선택한 데이터입니다. 이 안에 token이 들어 있습니다. token은 로컬에 저장하고 React Router의 history를 사용해 URL 에서 쿼리 스트링을 제거합니다.

이제 사용자가 깃허브에 로그인된 상태로 바뀝니다. 다음 단계로 할 일은 매 요청마다 HTTP 헤더에 토큰이 제대로 들어가 있는지 확인하는 작업입니다.

6.4.2 사용자 식별

다음으로 할 일은 각 요청 인증 헤더에 매번 토큰이 들어가도록 만드는 것입니다. 5장에서 만든 photo-share-api 서비스에는 사용자 중에 헤더 인증 토큰이 있는 사람을 식별하는 코드가 있었습니다. GraphQL 서비 스로 보내는 모든 요청마다 localStorage에 저장해 둔 토큰을 같이 보 내야 합니다.

src/index.js 파일을 수정해 보도록 하겠습니다. 아폴로 클라이언트 를 만든 부분을 찾아 다음과 같이 수정합니다.

```
const client = new ApolloClient({
  uri: 'http://localhost:4000/graphql',
  request: operation => {
    operation.setContext(context => ({
      headers: {
        ...context.headers,
        authorization: localStorage.getItem('token')
      }
    }))
  }
})
```

아폴로 클라이언트 설정에 요청 메서드를 추가합니다. GraphQL 서비 스로 요청을 보내기 전에 모든 operation에 세부 정보를 추가할 수 있는 메서드입니다. 코드에서는 모든 operation의 컨텍스트에 authorization 헤더를 추가합니다. 헤더에는 로컬 스토리지에 저장해 둔 토큰이 들어 갑니다. 만약 저장된 토큰이 없다면 null로 값이 저장되고, 서비스에서 는 사용자가 인증을 받지 않았다고 판단합니다.

모든 헤더에 인증 토큰을 추가했으니 me 필드는 현재 사용자 데이터를 반환해야 정상입니다. 데이터를 UI에 노출해 봅시다. AuthorizedUser 컴포넌트의 render 메서드를 찾아 그 안의 코드를 다음과 같이 변경합니다.

```
render() {
  return (
    <Mutation
      mutation={GITHUB_AUTH_MUTATION}
      update={this.authorizationComplete}
      refetchQueries={[{ query: ROOT_QUERY }]}>
        {mutation => {
          this.githubAuthMutation = mutation
          return (
            <Me signingIn={this.state.signingIn}
              requestCode={this.requestCode}
              logout={() => localStorage.removeItem('token')} />
          )
        }}
    </Mutation>
  )
}
```

Mutation 컴포넌트가 버튼 대신에 Me라는 컴포넌트를 렌더링하도록 수정했습니다. Me 컴포넌트는 현재 로그인한 사용자의 정보나 권한 인증 버튼, 둘 중 하나를 노출합니다. 현재 사용자가 로그인 과정을 밟고 있는지 컴포넌트 쪽에서 알 수 있어야 합니다. AuthorizedUser 컴포넌트의 requestCode 메서드를 사용할 수도 있어야 합니다. 마지막으로 현재 사용자를 로그아웃시키는 함수도 제공해야 합니다. 지금은 간단하게 사용자가 로그아웃할 때 localStorage에서 token을 제거하도록 하겠습니다. 필요한 모든 기능을 Me 컴포넌트에 프로퍼티로 전달합니다.

이제 Me 컴포넌트를 만들 차례입니다. AuthorizedUser 컴포넌트 선언문 상단에 다음 코드를 추가합니다.

```
const Me = ({ logout, requestCode, signingIn }) =>
  <Query query={ROOT_QUERY}>
    {({ loading, data }) => data.me ?
```

```
      <CurrentUser {...data.me} logout={logout} /> :
        loading ?
          <p>loading... </p> :
          <button
            onClick={requestCode}
            disabled={signingIn}>
            Sign In with GitHub
          </button>
    }
  </Query>

const CurrentUser = ({ name, avatar, logout }) =>
  <div>
    <img src={avatar} width={48} height={48} alt="" />
    <h1>{name}</h1>
    <button onClick={logout}>logout</button>
  </div>
```

Me 컴포넌트는 Query 컴포넌트를 렌더링하여 ROOT_QUERY에서 현재 사용자 데이터를 받아 옵니다. 만약 토큰이 존재한다면 ROOT_QUERY의 me 필드 값은 null이 아니게 됩니다. 쿼리 컴포넌트 안에서 data.me가 null인지 먼저 확인해 봅니다. 만약 이 필드 하위에 데이터가 존재한다면 CurrentUser 컴포넌트를 노출시키고 현재 사용자에 대한 데이터를 프로퍼티로 전달합니다. {...data.me} 코드는 스프레드 연산자를 사용해 모든 필드를 CurrentUser 컴포넌트에 개별 프로퍼티로 전달하는 역할을 합니다. logout 함수를 추가로 CurrentUser 컴포넌트에 전달했습니다. 사용자가 로그아웃 버튼을 클릭하면 이 함수가 실행되어 토큰이 제거됩니다.

6.5 캐시 작업

네트워크 요청을 최소화하는 것은 개발자가 해야 할 일 중 하나입니다. 사용자가 불필요한 요청을 하도록 만들고 싶은 개발자는 없습니다. 앱에서 발생하는 요청 수를 최소화하려면 아폴로 캐시를 어떻게 설정해야 하는지 알아보겠습니다.

6.5.1 fetch 방침

기본적으로 아폴로 클라이언트는 로컬 자바스크립트 변수로 데이터를
저장합니다. 클라이언트를 만들 때마다 캐시가 생성됩니다. 요청이 이
루어질 때마다 그에 대한 응답은 로컬에 캐싱됩니다. fetchPolicy를 사
용하면 아폴로 클라이언트가 데이터를 찾아보는 장소를 지정할 수 있
습니다. 캐시나 네트워크 요청, 둘 중 하나가 됩니다. 기본 값은 cache-
first입니다. 이 상태에서 클라이언트는 캐시 내부만 들여다 봅니다. 만
약 네트워크 요청 없이도 작업 처리가 가능하다면 캐시만 보고 끝납니
다. 그러나 쿼리에서 처리해야 할 데이터가 캐시에 없다면 GraphQL 서
비스로 네트워크 요청이 갑니다.

다른 fetchPolicy로는 cache-only가 있습니다. 클라이언트로 하여금
캐시만 보도록 강제하여 절대 네트워크 요청은 보내지 않습니다. 만약
쿼리를 충족시키는 데이터가 캐시에 없다면 에러를 던집니다.

src/Users.js의 Users 컴포넌트 안의 Query를 살펴보겠습니다. 여기
에 fetchPolicy 프로퍼티를 추가하면 각 쿼리에 대한 페치 방침을 변경
할 수 있습니다.

```
<Query query={{ query: ROOT_QUERY }} fetchPolicy="cache-only">
```

지금은 Query에 cache-only라고 방침을 설정해 두었기 때문에 브라우저
창을 새로 고침 하면 에러가 뜨게 됩니다. 아폴로 클라이언트는 쿼리를
처리하기 위한 데이터를 캐시에서만 찾는데 앱이 막 시작했을 때는 데
이터가 없는 상태여서 에러가 뜨는 것입니다. 이를 해결하려면 페치 방
침을 cache-and-network로 바꾸면 됩니다.

```
<Query query={{ query: ROOT_QUERY }} fetchPolicy="cache-and-network">
```

다시 애플리케이션이 정상으로 작동합니다. cache-and-network 방침을
사용하면 요청 즉시 캐시를 우선으로 쿼리 처리 시도가 이루어지며, 캐
시 안의 데이터와는 별개로 최신 데이터를 가져오기 위해 네트워크 요
청도 항상 추가로 발생합니다. 로컬 캐시가 존재하지 않으면(애플리케

이선을 처음으로 시작했을 때), 방침에 따라서 네트워크에서 데이터를 받아 옵니다. 이외에도 다음과 같은 방침이 있습니다.

network-only

쿼리를 처리할 때 네트워크 요청만 사용합니다.

no-cache

항상 네트워크 요청을 사용해 데이터를 처리하고 응답 결과를 캐싱 하지 않습니다.

6.5.2 캐시 유지

클라이언트에 캐시를 보관해 둘 수도 있습니다. 사용자가 애플리케이션 으로 들어온 시점에 이미 캐시가 존재하기 때문에 cache-first 설정과 함께 사용하면 매우 유용합니다. 예제에서는 cache-first 방침 덕분에 로컬 캐시 에서 데이터를 바로 가져와 아무런 네트워크 요청이 발생하지 않습니다.

캐시 데이터를 로컬에 보관하려면 npm 패키지를 설치해야 합니다.

```
npm install apollo-cache-persist
```

apollo-cache-persist 패키지에는 캐시가 바뀔 때마다 로컬 저장소 에 변경 내역을 저장하는 함수가 포함되어 있습니다. 캐시가 지속적으 로 유지되게 하려면 cache 객체를 만들고 애플리케이션을 설정할 때 client에 옵션을 설정해 주면 됩니다.

다음 코드를 src/index.js 파일에 추가합니다.

```
import ApolloClient, { InMemoryCache } from 'apollo-boost'
import { persistCache } from 'apollo-cache-persist'

const cache = new InMemoryCache()
persistCache({
  cache,
  storage: localStorage
})

const client = new ApolloClient({
  cache,
```

```
  ...
})⁴
```

제일 먼저 apollo boost에서 제공한 InMemoryCache 생성자를 사용해 캐시 인스턴스를 만듭니다. 그리고 apollo-cache-persist에서 persist Cache 메서드를 가져옵니다. InMemoryCache를 사용해서 새로 cache 인스턴스를 하나 만들고 이를 storage 로케이션과 함께 persistCache 메서드로 보냅니다. 브라우저 창의 localStorage 스토어에 캐시를 보관해 두기로 했습니다. 따라서 애플리케이션을 시작하고 나면 스토어에 저장된 캐시 값이 바뀌어야만 합니다. 다음 코드를 추가해 캐시 값 변경을 확인할 수 있습니다.

```
console.log(localStorage['apollo-cache-persist'])
```

다음은 애플리케이션 시작 시에 localStorage의 존재 여부를 체크해 이미 캐시가 존재하는지 확인해야 합니다. 만약 그렇다면 클라이언트 생성 전에 로컬 cache 초기화를 해야 합니다.

```
const cache = new InMemoryCache()
persistCache({
  cache,
  storage: localStorage
})

if (localStorage['apollo-cache-persist']) {
  let cacheData = JSON.parse(localStorage['apollo-cache-persist'])
  cache.restore(cacheData)
}
```

여기까지 했다면 애플리케이션 시작 전에 캐시해 놓은 데이터를 전부 불러오게 됩니다. apollo-cache-persist 키 아래 데이터가 저장되어 있

---

4 (옮긴이) 저장소 README 문서에 따르면 persistCache에 await를 사용하지 않을 경우, 비동기 실행으로 인해 캐시가 지속(persist)되기 전에 쿼리가 먼저 실행될 수 있습니다. 이런 상황을 방지하려면 await를 같이 사용해 줍니다.

다면 cache.restore(cacheData) 메서드를 사용해 cache 인스턴스에 이를 추가합니다.

아폴로 클라이언트 캐시를 효율적으로 사용해 서비스 네트워크 요청 횟수를 성공적으로 줄였습니다. 다음 절에서는 직접 로컬 캐시에 데이터를 넣어 보겠습니다.

6.5.3 캐시 업데이트

cache-only 같은 페치 방침을 사용하면 Query 컴포넌트에서 캐시를 바로 읽을 수 있습니다. 아폴로 캐시에도 바로 접근할 수 있습니다. 캐시에서 바로 데이터 읽기, 쓰기 작업을 할 수도 있습니다. 캐시에 저장한 데이터가 변경될 때마다 react-apollo가 변경 사항을 감지하여 영향권 안의 컴포넌트는 전부 다시 렌더링합니다. 캐시 변경만 제대로 해주면 UI는 이에 맞추어 알아서 바뀝니다.

GraphQL 쿼리를 작성하여 아폴로 캐시에서 데이터를 읽어 옵니다. GraphQL로 아폴로 캐시에 데이터를 넣을 수도 있습니다. src/App.js의 ROOT_QUERY를 살펴보겠습니다.

```
export const ROOT_QUERY = gql`
  query allUsers {
    totalUsers
      allUsers { ...userInfo }
      me { ...userInfo }
    }

  fragment userInfo on User {
    githubLogin
    name
    avatar
  }
`
```

쿼리 셀렉션 세트 안에 세 가지 필드가(totalUsers, allUsers, me) 들어 있습니다. cache.readQuery 메서드를 사용해 캐시 안에 저장되어 있는 데이터를 읽어 들입니다.

```
let { totalUsers, allUsers, me }  = cache.readQuery({ query: ROOT_QUERY })
```

캐시에 저장되어 있는 `totalUsers`, `allUsers`, `me` 필드의 값을 얻어 오는 코드입니다.

`cache.writeQuery` 메서드를 사용해 `ROOT_QUERY`의 `totalUsers`, `allUsers`, `me` 필드에 값을 채울 수도 있습니다.

```
cache.writeQuery({
  query: ROOT_QUERY,
  data: {
    me: null,
    allUsers: [],
    totalUsers: 0
  }
})
```

이 예제에서는 캐시의 데이터를 모두 지우고 `ROOT_QUERY` 필드의 기본 값을 전부 초기화합니다. 현재 react-apollo를 사용하고 있기 때문에[5] 이 코드로 인해 UI 업데이트가 이루어지고 현재 DOM의 사용자 리스트는 전부 지워집니다.

`AuthorizedUser` 컴포넌트의 `logout` 함수 내부가 코드에서 캐시 데이터를 넣기 좋은 곳입니다. 현재 이 함수는 사용자의 토큰을 지우는 일을 하고 있지만, 'Refetch' 버튼을 클릭하거나 브라우저를 새로 고침 하지 않는 이상 UI 업데이트는 일어나지 않습니다. 이 기능을 보완하려면 사용자가 로그아웃할 때 캐시에서 현재 사용자 데이터를 전부 지우면 됩니다.

우선 `AuthorizedUser` 컴포넌트가 프로퍼티를 통해 `client`에 접근 가능한지 확인해야 합니다. `withApollo` HOC(Higher Order Component)를 사용하면 빠르게 프로퍼티를 가져다 쓸 수 있습니다. 이 함수는 `client`를 `AuthorizedUser` 컴포넌트에 프로퍼티로 추가하는 역할을 합

---

5 (옮긴이) 'react-apollo의 Query 컴포넌트를 사용하고 있기 때문에'가 정확한 표현입니다. 자동으로 렌더링되는 걸 막으려면 Query 컴포넌트에 적용되는 옵션인 `defaultOptions.watchQuery`를 수정하면 됩니다. 자세한 것은 문서(*https://www.apollographql.com/docs/react/api/apollo-client/#apolloclient*)를 참고하세요.

니다. 컴포넌트에 이미 withRouter HOC를 적용해 두었으므로, compose 함수를 사용해 AuthorizedUser 컴포넌트가 두 HOC를 전부 사용하도록 만듭니다.

```
import { Query, Mutation, withApollo, compose } from 'react-apollo'

class AuthorizedUser extends Component {
  ...
}

export default compose(withApollo, withRouter)(AuthorizedUser)
```

compose를 사용해 withApollo와 withRouter 함수를 하나의 함수로 합칩니다. withRouter는 라우터의 history를, withApollo는 아폴로 클라이언트를 프로퍼티로 추가합니다.

그러면 logout 메서드에서 아폴로 클라이언트에 접근한 후, 캐시에 존재하는 현재 사용자 정보를 삭제할 수 있습니다.

```
logout = () => {
  localStorage.removeItem('token')
  let data = this.props.client.readQuery({ query: ROOT_QUERY })
  data.me = null
  this.props.client.writeQuery({ query: ROOT_QUERY, data })
}
```

이 코드는 현재 localStorage에 존재하는 사용자 토큰을 지우면서 캐시에 저장되어 있는 현재 사용자에 대한 me 필드 데이터를 삭제합니다. 이제 사용자가 로그아웃하면 브라우저 새로 고침 없이도 '깃허브로 로그인' 버튼을 즉각 보게 됩니다. 이 버튼은 ROOT_QUERY의 me 필드 값이 없을 때만 노출되는 버튼입니다.

캐시를 직접 조작해 애플리케이션의 개선을 노려볼 수 있는 다른 부분은 src/Users.js 파일에 있습니다. 현재는 '임시 사용자 추가' 버튼을 눌러야지만 GraphQL 서비스로 뮤테이션 요청이 갑니다. Mutation 컴포넌트는 '임시 사용자 추가' 버튼을 렌더링하며, 다음과 같은 프로퍼티를 가집니다.

```
refetchQueries={[{ query: ROOT_QUERY }]}
```

이 프로퍼티는 뮤테이션이 완료된 시점에 클라이언트가 서비스로 쿼리를 추가 요청하도록 만듭니다. 그러나 이미 뮤테이션이 완료되었을 때 빈는 응답에 새로 만들어진 임시 사용자 리스트가 늘어 있습니다.

```
mutation addFakeUsers($count:Int!) {
  addFakeUsers(count:$count) {
    githubLogin
    name
    avatar
  }
}
```

리스트를 이미 확보해 두었으므로 서버에 같은 정보를 다시 요청할 필요가 없습니다. 따라서 뮤테이션 응답에서 리스트를 바로 받아 캐시로 추가합니다. 캐시에 변경 사항이 발생하면 UI가 따라서 변경됩니다.

Users.js 파일에서 addFakeUsers 뮤테이션을 담당하는 Mutation 컴포넌트를 찾아 refetchQueries 프로퍼티를 update 프로퍼티로 바꿉니다.

```
<Mutation mutation={ADD_FAKE_USERS_MUTATION}
  variables={{ count: 1 }}
  update={updateUserCache}>
  {addFakeUsers =>
    <button onClick={addFakeUsers}>임시 사용자 추가</button>
  }
</Mutation>
```

이제 뮤테이션 작업이 완료되면 응답 데이터가 updateUserCache라는 함수로 갑니다.

```
const updateUserCache = (cache, { data:{ addFakeUsers } }) => {
  let data = cache.readQuery({ query: ROOT_QUERY })
  data.totalUsers += addFakeUsers.length
  data.allUsers = [
    ...data.allUsers,
    ...addFakeUsers
  ]
  cache.writeQuery({ query: ROOT_QUERY, data })
```

```
}
```

Mutation 컴포넌트에서 updateUserCache 함수를 호출할 때 cache와 뮤테이션 응답 결과 데이터를 인자로 넘깁니다.

임시 사용자를 현재 캐시에 추가하려면 cache.readQuery({ query: ROOT_QUERY })로 현재 캐시에 있는 데이터를 읽어서 여기에 추가합니다. 먼저 data.totalUsers += addFakeUsers.length로 총 사용자 수를 높입니다. 그 다음 뮤테이션 응답 결과로 받은 임시 사용자 리스트와 현재 사용자 리스트를 하나로 만드는 작업을 합니다. 데이터가 바뀌었으므로 cache.writeQuery({ query: ROOT_QUERY, data })로 기존 캐시 데이터를 덮어씁니다. cache 데이터를 갱신하면 UI가 따라서 갱신되므로 화면에 새로운 임시 사용자가 렌더링됩니다.

지금까지 사용자 기능 측면에서의 앱을 만들어 보았습니다. 모든 유저를 리스트로 나열하는 기능, 임시 사용자를 새로 추가하는 기능, 깃허브로 로그인하는 기능을 만들어 보았습니다. 아폴로 서버와 아폴로 클라이언트를 사용해 풀스택 GraphQL 애플리케이션을 만드는 작업도 했습니다. Query와 Mutation 컴포넌트는 아폴로 클라이언트와 React를 사용한 클라이언트 개발을 빠르게 할 수 있게 도와줍니다.

7장에서는 서브스크립션(subscription) 기능과 파일 업로드 기능을 애플리케이션에 구현해 봅니다. 또한 요즘 뜨고 있는 GraphQL 툴 중에 프로젝트에서 사용할 만한 것을 소개하겠습니다.

7장

실제 제품을 위한 GraphQL

지금까지 스키마 설계, GraphQL API 설계, 아폴로 클라이언트를 사용한 클라이언트 구현을 해 보았습니다. GraphQL 풀스택 개발 작업 주기를 한번 전부 돌아 보았는데, 덕분에 클라이언트에서 GraphQL API를 사용하는 법을 깊게 살펴볼 수 있었습니다. 이제 실서비스를 위한 GraphQL API 및 클라이언트 코드를 작성하는 법을 알아볼 차례입니다.

여러분이 만들고 있는 애플리케이션이 다음과 같은 사항을 요구한다면 GraphQL을 적용해 볼 수 있습니다. 우선 클라이언트와 서버 사이의 파일 전송 기능과 웹소켓을 통한 실시간 데이터 업데이트 상황 알림 기능을 클라이언트에 제공해야 합니다. API에는 보안이 적용되어 있어서 악의적인 클라이언트로부터 애플리케이션을 보호할 수 있어야 합니다. 실제 서비스에서 GraphQL을 사용할 때는 이러한 요구 사항을 만족시켜야 합니다.

개발 팀에 대해서도 생각해 봐야 합니다. 풀스택 팀에 속해 있는 분들도 있을 테지만, 실제로는 대부분 프론트엔드 개발자와 백엔드 개발자로 나뉘어 일할 것입니다. 팀의 모든 개발자가 GraphQL 스택에서 저마다 맡은 분야를 효율적으로 개발하려면 어떻게 해야 할까요?

그리고 현재 코드 베이스의 다른 부분들은 어떡하면 좋을까요? 실제로 배포된 서비스와 API의 종류가 다양할 텐데, 이들을 전부 GraphQL 로 전환할 시간이나 리소스가 부족할 확률이 높습니다.

이 장에서는 앞서 얘기한 요구 사항들과 이와 관련된 논의 사항을 다루어 봅니다. 일단 PhotoShare API 중 두 군데를 더 수정해 보겠습니다. 먼저 서브스크립션과 실시간 데이터 전송 기능을 통합해 봅니다. 그 다음 GraphQL로 파일 전송 솔루션을 구현해 사진 게시 기능을 만들어 봅니다. PhotoShare 애플리케이션 개선이 끝나면 악성 클라이언트 쿼리로부터 GraphQL API를 보호할 수 있는 방법을 살펴봅니다. 마지막으로 기존 코드를 GraphQL로 옮길 때, 팀 단위로 효율적인 작업을 하는 법을 알아보며 이 장을 마치도록 하겠습니다.

7.1 서브스크립션

최신 웹과 모바일 애플리케이션에서 실시간 업데이트는 중요합니다. 요즘은 웹소켓을 사용해 웹사이트와 모바일 애플리케이션 간의 실시간 데이터 전송 기능을 구현합니다. 웹소켓 프로토콜로 TCP 소켓을 통한 양방향(duplex) 왕복 커뮤니케이션 채널을 열어둘 수 있습니다. 연결 하나로 웹 페이지와 애플리케이션이 서로 데이터를 주고받을 수 있게 된 것입니다. 덕분에 업데이트 내역을 서버에서 웹 페이지로 실시간 푸시할 수 있게 되었습니다.

이제 HTTP 프로토콜을 사용한 GraphQL 쿼리와 뮤테이션 구현이 거의 완료된 상태입니다. HTTP 덕분에 클라이언트와 서버 간의 데이터 전송이 가능해졌으나, 서버 연결을 유지한 채 상태 변화를 감지하는 일은 아직 불가능합니다. 웹소켓이 만들어지기 전에는 서버의 상태 변화를 감지하려면 HTTP 요청을 서버에 계속해서 보내 변경 사항을 일정 간격을 두고 지속적으로 확인하는 수밖에 없었습니다. 이와 관련해 6장에서 쿼리 태그를 사용해 폴링을 쉽게 구현하는 법에 대해 알아보았습니다.

그러나 차세대 웹의 장점을 제대로 누리려면 HTTP 요청뿐 아니라 실

시간 웹소켓 데이터 통신도 GraphQL을 통해 할 수 있어야 합니다. 서
브스크립션(subscription)을 사용하면 가능합니다. 지금부터 GraphQL
서브스크립션 구현 방법에 대해 알아보겠습니다.

7.1.1 서브스크립션 작업

GraphQL 서브스크립션 기능을 사용하면 API 데이터 변경 사항 알림
을 받을 수 있습니다. 아폴로 서버에는 처음부터 서브스크립션 기능이
들어 있습니다. GraphQL 애플리케이션 웹소켓 npm 패키지(graphql-
subscriptions, subscriptions-transport-ws)를 설치해 사용하면 됩니
다. graphql-subscriptions 패키지는 PubSub(publisher/subscriber) 디
자인 패턴을 실제로 구현한 npm 패키지입니다. 클라이언트에서 데이
터 변경 사항을 감지하려면 PubSub이 꼭 필요합니다. subscriptions-
transport-ws는 웹소켓 서버와 클라이언트를 제공하는 패키지입니다.
웹소켓을 통해 서브스크립션 내역을 전달해 줍니다. 이 두 패키지를 사
용해 아폴로 서버에서 서브스크립션 기능을 바로 사용할 수 있습니다.

서버의 웹소켓 연결 기본 설정은 ws://localhost:4000으로 되어 있습
니다. 5장 초반에 잠시 봤던 간단한 서버 설정 코드를 그대로 가져다 쓰
면 바로 웹소켓을 사용할 수 있습니다.

apollo-server-express를 서버 코드에서 사용하고 있으므로 서브스
크립션 기능을 구현하려면 몇 가지 작업을 해야 합니다. photo-share-
api 안의 index.js 파일에서 http 모듈의 createServer 함수를 불러옵
니다.

```
const { createServer } = require('http')
```

아폴로 서버는 서브스크립션 기능을 기본으로 지원해주나 HTTP 서버
가 있어야 기능을 사용할 수 있습니다. createServer 함수로 서버를 하
나 만듭니다. start 함수 밑에 다음 코드를 작성합니다. start 함수는
GraphQL 서비스가 특정 포트를 통해 app.listen(...)하도록 만듭니다.

```
const httpServer = createServer(app)
server.installSubscriptionHandlers(httpServer)

httpServer.listen({ port: 4000 }, () =>
  console.log(`GraphQL Server running at localhost:4000${server.graphqlPath}`)
)
```

제일 먼저 익스프레스 앱 인스턴스를 사용해 httpServer를 새로 하나 만듭니다. 익스프레스 설정에 의해 처리해야 하는 모든 HTTP 요청이 httpServer로 들어오게 됩니다. 웹소켓용 서버 인스턴스를 하나 더 두겠습니다. server.installSubscriptionHandlers(httpServer)로 웹소켓을 구동시킵니다. 이때 웹소켓 서브스크립션 기능을 사용할 때 필요한 핸들러가 아폴로 서버에 추가됩니다. 이제 HTTP 서버와 함께 ws://local host:4000/graphql에서 요청을 받을 수 있도록 백엔드 준비가 완료되었습니다.

서버에서 서브스크립션을 지원하도록 만들었으니 이제 실제 기능을 구현할 차례입니다.

사진 게시하기

사용자가 사진을 올리는 시점을 잡아야 하는 경우가 있습니다. 서브스크립션을 사용하기 좋은 예입니다. GraphQL의 다른 기능들과 마찬가지로 스키마를 먼저 만들어야 합니다. Mutation 타입 정의 바로 아래에 서브스크립션 타입 스키마를 추가합니다.

```
type Subscription {
  newPhoto: Photo!
}
```

사진을 추가하면 newPhoto 서브스크립션을 통해 클라이언트로 데이터를 푸시합니다. 다음과 같은 GraphQL 쿼리를 사용해 서브스크립션 요청을 보냅니다.

```
subscription {
  newPhoto {
```

```
    url
    category
    postedBy {
      githubLogin
      avatar
    }
  }
}
```

클라이언트 쪽에 사진 데이터를 푸시하는 서브스크립션 코드입니다. Query나 Mutation처럼 셀렉션 세트 안에 특정 필드를 넣어 데이터를 요청하면 됩니다. 이 코드로 인해 사진이 새로 게시될 때마다 사진의 url과 category 정보를 게시자의 githugLogin과 avatar 정보와 함께 받아봅니다.

서브스크립션 전송이 완료되어도 커넥션은 열린 채로 남아 있습니다. 이는 데이터 변경 사항을 감지할 때 사용합니다. 새로 사진이 추가되면 구독자 쪽으로 데이터가 전송됩니다. GraphQL 플레이그라운드로 서브스크립션을 설정해 두었다면 재생 버튼이 빨간색 멈춤 버튼으로 바뀌는 것을 보실 수 있습니다.

빨간색 멈춤 버튼은 서브스크립션이 시작됐고 데이터 변경 사항을 감지하고 있다는 의미입니다. 멈춤 버튼을 누르면 서브스크립션이 중단됩니다. 따라서 데이터 변경 사항을 더 이상 감지하지 않습니다.

이제 마지막으로 postPhoto 뮤테이션을 보겠습니다. 데이터베이스로 사진을 추가하는 뮤테이션입니다. 이 뮤테이션을 사용해 서브스크립션에 새 사진에 관한 정보를 전달할 수 있습니다.

```
async postPhoto(root, args, { db, currentUser, pubsub }) {

  if (!currentUser) {
    throw new Error('only an authorized user can post a photo')
  }

  const newPhoto = {
    ...args.input,
    userID: currentUser.githubLogin,
    created: new Date()
```

```
  }

  const { insertedIds } = await db.collection('photos').
insert(newPhoto)
  newPhoto.id = insertedIds[0]

  pubsub.publish('photo-added', { newPhoto })

  return newPhoto

}
```

pubsub 인스턴스가 이미 컨텍스트에 추가된 거로 가정하고 리졸버 코드를 작성합니다. 인스턴스는 다음 단계에서 다루겠습니다. pubsub은 이벤트와 데이터를 서브스크립션 리졸버로 전송하는 메커니즘입니다. Node.js의 EventEmitter와 비슷합니다. 이를 사용해 이벤트를 구독 중인 모든 핸들러에 이벤트 및 데이터를 전송합니다. 여기서는 데이터베이스에 새로 사진을 추가한 후 photo-added 이벤트를 발생시킵니다. pubsub.publish 메서드의 두 번째 인자로 새 사진에 관한 정보를 넣습니다. 그러면 photo-added 이벤트를 구독 중인 모든 핸들러에 새 사진 정보가 전달됩니다.

다음으로 photo-added 이벤트 구독용 Subscription 리졸버를 추가합니다.

```
const resolvers = {

  ...

  Subscription: {
    newPhoto: {
      subscribe: (parent, args, { pubsub }) =>
        pubsub.asyncIterator('photo-added')
    }
  }
}
```

Subscription 리졸버가 루트 리졸버입니다. 이는 리졸버 객체 안에서 Query와 Mutation 리졸버의 형제로 추가되어야 합니다. 서브스크립션 리졸버 안에 각 필드에 대한 리졸버를 정의합니다. 스키마에 newPhoto 필드가 있으므로 리졸버 안에는 newPhoto 리졸버가 반드시 존재해야 합니다.

Query와 Mutation 리졸버와는 다르게 Subscription 리졸버에는 서브스크립션 메서드가 들어 있습니다. 다른 리졸버 함수와 마찬가지로 서브스크립션 메서드도 parent, args, context를 인자로 받습니다. 이 메서드 안에서 특정 이벤트에 대한 구독이 시작됩니다. 예시 코드의 경우 pubsub.asyncIterator를 사용해 photo-added 이벤트를 구독합니다. pubsub에 의해 photo-added 이벤트가 발생할 때마다 새로운 사진 소식이 서브스크립션에 의해 전달됩니다.

 저장소 안 서브스크립션 리졸버 코드에 관해

깃허브의 예시 코드 저장소에는 리졸버가 여러 파일로 나누어져 있습니다. 여기서 다룬 코드는 resolvers/Subscriptions.js 안에 있습니다.

postPhoto 리졸버와 newPhoto 서브스크립션 리졸버를 사용하려면 컨텍스트에 pubsub 인스턴스가 존재해야 합니다. 컨텍스트가 pubsub을 가지고 있도록 코드를 수정해 보겠습니다. index.js 파일을 다음과 같이 수정합니다.

```
const { ApolloServer, PubSub } = require('apollo-server-express')

...

async function start() {

  ...

  const pubsub = new PubSub()
  const server = new ApolloServer({
    typeDefs,
    resolvers,
    context: async ({ req, connection }) => {

      const githubToken = req ?
```

```
        req.headers.authorization :
        connection.context.Authorization

      const currentUser = await db
        .collection('users')
        .findOne({ githubToken })

      return { db, currentUser, pubsub }

    }
  })

  ...

}
```

우선 apollo-server-express 패키지에서 PubSub 생성자를 불러옵니다. 이를 사용해 pubsub 인스턴스를 만들어 컨텍스트에 추가합니다.

컨텍스트 함수도 수정합니다. 쿼리와 뮤테이션은 여전히 HTTP를 사용하도록 합니다. GraphQL 서비스로 이들 요청을 보낼 때 요청 인자인 req가 컨텍스트 핸들러로 보내집니다. 그러나 서브스크립션 요청은 HTTP 요청이 아니므로 req 인자가 null이 됩니다. 대신 서브스크립션 정보는 클라이언트가 웹소켓에 연결할 때 전송됩니다. 앞 코드의 경우, 웹소켓 connection 인자가 컨텍스트 함수로 전송됩니다. 서브스크립션이 존재한다면 커넥션 context 안의 인증 정보를 제공해야 합니다. 이때는 HTTP 요청 헤더 인증 정보를 사용하지 않습니다.

만든 서브스크립션을 사용해 보겠습니다. GraphQL 플레이그라운드를 열고 다음 코드를 실행합니다.

```
subscription {
  newPhoto {
    name
    url
    postedBy {
      name
    }
  }
}
```

서브스크립션이 시작되면 플레이그라운드 탭을 새로 열어 postPhoto
뮤테이션을 실행합니다. 그러면 실행할 때마다 데이터가 서브스크립션
으로 전송되는 것을 볼 수 있습니다.

그림 7-1. 플레이그라운드에서 newPhoto 서브스크립션을 실행한 모습

과제: newUser 서브스크립션

newUser 서브스크립션을 구현할 수 있나요? githubLogin, 또는 addFake
Users 뮤테이션으로 데이터베이스에 새로운 사용자를 추가할 때마다 new-user
이벤트 소식을 서브스크립션으로 전달하도록 만들 수 있나요?

[힌트] addFakeUsers를 수정할 때 이벤트 소식 전달을 여러 번 해야 할 수도 있
습니다. 사용자 한 명 당 이벤트 한 번이라 생각하면 됩니다.

하다가 막히면 저상소 코느에서 답을 찾아보세요[1].

7.1.2 서브스크립션 데이터 사용하기

과제를 마쳤다면 PhotoShare 서버에서 Photos와 Users에 대한 서브스크립션 기능을 사용할 수 있게 됩니다. 다음 절에서는 newUser 서브스크립션을 사용해 페이지에 신규 사용자가 바로 보이도록 만듭니다. 그전에 먼저 아폴로 클라이언트 서브스크립션 사용 설정을 하겠습니다.

웹소켓 링크 추가하기

서브스크립션은 웹소켓을 통해 이루어집니다. 서버 쪽 웹소켓을 활성화하기 위해 패키지를 추가로 설치합니다.

```
npm install apollo-link-ws apollo-utilities subscription-transport-ws
```

설치가 끝난 후 웹소켓 링크를 아폴로 클라이언트 설정에 추가합니다. photo-share-client 프로젝트 안의 src/index.js 파일을 열어 다음과 같이 코드를 작성합니다.

```
import {
  InMemoryCache,
  HttpLink,
  ApolloLink,
  ApolloClient,
  split
} from 'apollo-boost'
import { WebSocketLink } from 'apollo-link-ws'
import { getMainDefinition } from 'apollo-utilities'
```

apollo-boost에서 split을 가져옵니다. 이를 사용하면 HTTP 요청과 웹소켓 간의 GraphQL 작업을 세분화할 수 있습니다. 뮤테이션이나 쿼리의 경우 아폴로 클라이언트에서 HTTP 요청이 전송됩니다. 서브스크립션 작업을 하는 경우에는 HTTP 요청 대신 클라이언트 웹소켓 연결이 이루어집니다.

아폴로 클라이언트 내부에서는 네트워크 요청이 ApolloLink로 관리됩니다. 이곳에서 애플리케이션에서 발생하는 HTTP 요청을 GraphQL 서비스로 보내는 작업이 진행됩니다. 아폴로 클라이언트에 대한 특정 작업에 대한 네트워크 요청이 발생하면 아폴로 링크로 요청을 전달해 처리할 수 있습니다. 웹소켓 네트워크에서 발생하는 작업 역시 아폴로 링크로 처리할 수 있습니다.

웹소켓을 사용하려면 HttpLink와 WebSocketLink, 이 두 가지 링크가 필요합니다.

```
const httpLink = new HttpLink({ uri: 'http://localhost:4000/graphql' })
const wsLink = new WebSocketLink({
  uri: `ws://localhost:4000/graphql`,
  options: { reconnect: true }
})
```

httpLink는 http://localhost:4000/graphql로 HTTP 요청을 보낼 때 사용합니다. wsLink는 ws://localhost:4000/graphql에 연결되며, 웹소켓을 통해 데이터를 가져다 사용할(consuming) 때 씁니다.

링크는 얼마든지 자유롭게 구성할 수 있습니다. 서로 다른 링크를 연결해 GraphQL 작업 파이프라인을 마음대로 만들어 사용합니다. 아폴로 링크 하나로 모든 작업을 처리하는 대신, 링크를 여러 개 연결해서 (링크 체인) 각각의 링크가 특정 작업을 실시하도록 만들고 마지막 링크는 요청과 그 결과를 나루도록 만들 수 있습니다.

각종 요청에 권한 인증 헤더를 추가하는 사용자 정의 아폴로 링크를 httpLink에 추가해 링크 체인을 만들어 봅시다.

```
const authLink = new ApolloLink((operation, forward) => {
  operation.setContext(context => ({
    headers: {
      ...context.headers,
      authorization: localStorage.getItem('token')
    }
  }))
  return forward(operation)
})

const httpAuthLink = authLink.concat(httpLink)
```

authLink를 httpLink에 연결시켜 HTTP 요청을 보낼 때 사용자 권한 인중 부분을 담당하도록 만들었습니다. .concat 함수는 자바스크립트에서 배열을 붙일 때 사용하는 함수와 같습니다. 아폴로 링크를 이어 붙일때 사용하는 특별한 함수입니다. 연결된 두 링크의 동작을 더 명확하게 표시하기 위해 httpAuthLink로 이름 붙였습니다. GraphQL 작업이 링크로 전달되면 먼저 authLink를 거치면서 권한 인증 헤더가 붙게 되고 그 다음에 네트워크 요청을 다루는 httpLink로 넘어갑니다. 익스프레스나 Redux를 사용한 경험이 있다면 익숙한 패턴일 것입니다.

이제 클라이언트한테 어떤 링크를 사용하면 되는지 알려 주어야 합니다. 이때 split을 사용하면 편합니다. **단정문**(predicate)에 따라 아폴로링크를 분리하여 하나만 반환시키는 함수입니다. 함수의 첫 번째 인자는 단정문으로, true 혹은 false를 반환하는 함수입니다. 두 번째 인자는 단정문이 true일 때 반환해야 하는 링크, 세 번째 인자로는 false일 때 반환되는 링크가 들어갑니다.

split을 사용해 들어온 작업이 서브스크립션인지 확인해 봅시다. 만약 서브스크립션이면 네트워크 요청을 다룰 때 wsLink를 사용하며, 아닌 경우는 httpLink를 사용합니다.

```
const link = split(
  ({ query }) => {
    const { kind, operation } = getMainDefinition(query)
    return kind === 'OperationDefinition' && operation ===
'subscription'
  },
  wsLink,
  httpAuthLink
)
```

첫 번째 인자로 단정문을 전달합니다. getMainDefinition 함수를 사용해 작업의 query AST를 확인합니다. 서브스크립션 작업이면 true가 반환됩니다. 그렇다면 wsLink가 link에 할당됩니다. 반대로 false면 httpAuthLink가 할당됩니다.

마지막으로 해야 할 작업은 아폴로 클라이언트에 link와 cache를 전달하여 사용자 정의 링크를 사용하도록 설정을 바꾸는 일입니다.

```
const client = new ApolloClient({ cache, link })
```

클라이언트에서 서브스크립션을 다룰 수 있게 했습니다. 다음 절에서
는 아폴로 클라이언트로 첫 번째 서브스크립션 작업을 하겠습니다.

신규 사용자 소식 듣기

LISTEN_FOR_USERS라는 변수를 만들고 클라이언트에서 신규 사용자 생
성 소식을 들어봅시다. 신규 사용자의 githubLogin, name, avatar를 반
환하는 서브스크립션 문자열이 변수에 할당됩니다.

```
const LISTEN_FOR_USERS = gql`
  subscription {
    newUser {
      githubLogin
      name
      avatar
    }
  }
`
```

그 다음 <Subscription /> 컴포넌트로 새로운 사용자 소식을 들을 준비
를 합니다.

```
<Subscription subscription={LISTEN_FOR_USERS}>
  {(({ data, loading }) => loading ?
    <p>loading a new user...</p> :
      <div>
        <img src={data.newUser.avatar} alt="" />
        <h2>{data.newUser.name}</h2>
      </div>
  }
</Subscription>
```

<Subscription /> 컴포넌트는 <Mutation />, <Query /> 컴포넌트와 비
슷하게 동작합니다. 서브스크립션 작업 후 신규 사용자 소식이 들어오
면 이들 데이터가 함수로 전달됩니다. 다만 문제는 newUser 서브스크립
션이 한 번에 한 명의 사용자 소식만 전달한다는 것입니다. 그러므로 항
상 맨 나중에 생성된 사용자만 화면에 보이게 됩니다.

따라서 PhotoShare 클라이언트가 시작할 때 새로운 사용자 소식 듣기를 시작해 소식이 들려오면 현재 로컬 캐시에 이들 데이터를 저장하는 기능을 만들어야 합니다. 캐시 업데이트가 이루어지면 UI가 따라서 자동으로 업데이트되므로 새로운 사용자로 인한 UI 변경을 따로 걱정할 필요가 없어집니다.

App 컴포넌트를 수정합니다. 제일 먼저 React 컴포넌트 생명주기를 사용할 수 있게 class 컴포넌트로 바꿉니다. 컴포넌트가 시작할 때 서브스크립션을 통해 새로운 사용자 소식 듣기를 시작합니다. 컴포넌트 마운트가 해제(unmount)될 때 unsubscribe 메서드를 호출하여 소식 듣기를 중단합니다.

```
import { withApollo } from 'react-apollo'

...

class App extends Component {

  componentDidMount() {
    let { client } = this.props
    this.listenForUsers = client
      .subscribe({ query: LISTEN_FOR_USERS })
      .subscribe(({ data:{ newUser } }) => {
        const data = client.readQuery({ query: ROOT_QUERY })
        data.totalUsers += 1
        data.allUsers = [
          ...data.allUsers,
          newUser
        ]
        client.writeQuery({ query: ROOT_QUERY, data })
      })
  }

  componentWillUnmount() {
    this.listenForUsers.unsubscribe()
  }

  render() {
    ...
  }
```

```
}

export default withApollo(App)
```

<App /> 컴포넌트를 내보낼 때 withApollo 함수로 client를 App 프로퍼티로 전달합니다. 컴포넌트가 마운트될 때 client로 새로운 사용자 소식을 듣기 시작합니다. 마운트 해제 시에는 unsubscribe 메서드를 사용해 소식 듣기를 중단합니다.

client.subscribe().subscribe()로 듣기가 시작됩니다. 첫 번째 subscribe는 아폴로 클라이언트 메서드입니다. 서브스크립션 작업을 서비스로 전달하는 역할을 하며 옵저버 객체를 반환합니다. 두 번째 subscribe는 옵저버 객체의 메서드이며, 옵저버로 하여금 핸들러를 사용하도록 만듭니다. 서브스크립션을 통해 클라이언트로 데이터가 전달될 때마다 핸들러가 매번 호출됩니다. 이 코드는 새롭게 추가된 사용자 정보를 한 명씩 담아 writeQuery를 사용해 아폴로 캐시에 바로 추가합니다.

이제 사용자가 새로 추가될 때마다 로컬 캐시에 바로 저장되며, 이로 인해 UI 업데이트도 바로 이루어집니다. 서브스크립션 덕분에 새로운 사용자가 실시간으로 매번 리스트에 추가되어 src/Users.js에서 로컬 캐시를 업데이트할 필요가 없습니다. 따라서 이 파일 안의 updateUserCache 함수와 뮤테이션 update 프로퍼티를 지워야 합니다. 앱 컴포넌트 완성본을 보려면 책 웹사이트[2]를 참고하세요.

7.2 파일 업로드

구현해야 하는 PhotoShare 애플리케이션 기능이 하나 남아 있는데, 그건 바로 실제로 사진을 업로드하는 기능입니다. GraphQL로 파일을 업로드하려면 API와 클라이언트에서 multipalrt/form-data를 다룰 수 있도록 둘 다 수정해야 합니다. multiplart/form-data는 인터넷에서 POST 본문에 파일을 넣어 전달할 때 필요한 인코딩 형식입니다.

---

2   *https://github.com/MoonHighway/learning-graphql/tree/master/chapter-07/photo share-client*

GraphQL 인자로 파일을 넘길 수 있도록 추가 작업을 통해 리졸버에서 파일을 직접 처리할 수 있게 만들겠습니다.

기능 구현을 위해 npm 패키지를 두 개 사용합니다. apollo-upload-client와 apollo-upload-server입니다. 웹 브라우저에서 HTTP를 통해 파일을 전송하기 위해 만들어진 패키지입니다. apollo-upload-client는 브라우저에서 파일을 GraphQL과 함께 서버로 전송합니다. apollo-upload-server는 apollo-upload-client에서 받은 파일을 서버에서 다룰 때 사용합니다. 파일을 리졸버의 인자로 보내기 전에 적절한 쿼리 인자로 매핑합니다.

7.2.1 서버 파일 업로드 기능 구현하기

아폴로 서버에는 apollo-upload-server가 내장되어 있습니다. 따라서 API 프로젝트 안에서 별도로 패키지를 설치할 필요가 없습니다. 다만 업로드한 파일을 받을 수 있게 GraphQL API를 수정해야 합니다. 따라서 아폴로 서버에 Upload라는 커스텀 스칼라 타입을 만들겠습니다. 파일 stream, mimetype 그리고 업로드된 파일의 encoding 정보를 파악하는 데 사용할 것입니다.

제일 먼저 타입 정의에 커스텀 스칼라 타입을 추가해 스키마를 수정합니다. 스키마 파일을 열어 Upload 스칼라를 추가합니다.

```
scalar Upload

input PostPhotoInput {
  name: String!
  category: Photo_Category = PORTRAIT
  description: String,
  file: Upload!
}
```

Upload 타입으로 PostPhotoInput에 파일 콘텐츠를 전달합니다. 리졸버에서 파일을 직접 받게 됩니다. Upload 타입에는 파일 정보가 들어갑니다. 파일을 저장할 때 사용할 업로드 stream 정보도 여기에 포함됩니다.

stream은 postPhoto 뮤테이션 안에서 활용합니다. resolvers/Mutation.js 파일의 postPhoto 뮤테이션 하단에 다음 코드를 추가합니다.

```
const { uploadStream } = require('../lib')
const path = require('path')

...

async postPhoto(root, args, { db, user, pubsub }) => {
  ...

  var toPath = path.join(
    __dirname, '..', 'assets', 'photos', `${photo.id}.jpg`
  )

  await { stream } = args.input.file
  await uploadStream(input.file, toPath)

  pubsub.publish('photo-added', { newPhoto: photo })

  return photo
}
```

예제의 uploadStream 함수는 프로미스를 반환합니다. 파일 업로드 작업이 완료되면 프로미스가 리졸브 처리됩니다. file 인자에는 업로드 스트림 정보가 들어 있어 이를 writeStream에 연결해 assets/photos 로컬 디렉터리 안에 파일을 저장합니다. 사진이 새로 게시되면 고유한 식별자(id)를 가지고 파일명을 짓습니다. 여기서는 코드를 간결하게 유지하기 위해 JPEG 이미지만 다루겠습니다.

같은 API를 통해 사진 파일을 전달하려면 익스프레스 애플리케이션에 정적인 JPEG 이미지를 다룰 수 있는 미들웨어를 추가해야 합니다. 아폴로 서버를 세팅한 index.js 파일에 express.static 미들웨어를 추가해 특정 라우트를 통하여 로컬 정적 파일을 서빙할 수 있도록 만듭니다.

```
const path = require('path')

...
```

```
app.use(
  '/img/photos',
  express.static(path.join(__dirname, 'assets', 'photos'))
)
```

HTTP 요청을 통해 assets/photos 디렉터리 안의 정적인 파일을 /img/photos에서 서빙할 수 있도록 만듭니다.

이로써 서버 쪽은 파일 업로드 기능 준비가 완료되었습니다. 클라이언트 쪽으로 가서 사진 업로드 폼을 만들어 보도록 하겠습니다.

✅ **파일 서비스 사용에 대해**

실제 Node.js 애플리케이션을 만들 때는 사진 파일은 주로 클라우드 기반 파일 저장 서비스에 업로드합니다. 예제 코드에서는 uploadFile 함수를 통해 로컬 디렉터리로 파일을 업로드했는데, 이러면 나중에 애플리케이션을 확장할 때 걸림돌이 됩니다. AWS, Google 클라우드, Cloudinary 등의 서비스를 사용하면 분산 애플리케이션에서 대용량 파일을 업로드하도록 만들 수 있습니다.

7.2.2 클라이언트 사진 게시 기능 구현하기

클라이언트 쪽의 사진 기능을 완성해 봅시다. 가장 먼저 ROOT_QUERY에 allPhotos 필드를 추가해야 합니다. src/App.js 파일의 쿼리를 다음과 같이 수정합니다.

```
export const ROOT_QUERY = gql`
  query allUsers {
    totalUsers
    totalPhotos
    allUsers { ...userInfo }
    me { ...userInfo }
    allPhotos {
      id
      name
      url
    }
  }

  fragment userInfo on User {
```

```
    githubLogin
    name
    avatar
  }
`
```

웹사이트 로딩이 완료되면 데이터베이스에 저장된 모든 사진 id, name, url을 받게 됩니다. 받은 정보를 가지고 Photos 컴포넌트를 만들어 화면에 사진을 노출시켜 보겠습니다.

```
import React from 'react'
import { Query } from 'react-apollo'
import { ROOT_QUERY } from './App'

const Photos = () =>
  <Query query={ALL_PHOTOS_QUERY}>
    {(({loading, data}) => loading ?
      <p>loading...</p> :
      data.allPhotos.map(photo =>
        <img
          key={photo.id}
          src={photo.url}
          alt={photo.name}
          width={350} />
      )
    }
  </Query>
```

```
export default Photos
```

Query 컴포넌트는 ROOT_QUERY를 프로퍼티로 받습니다. 렌더 프로퍼티 패턴을 사용해 로딩 작업이 완료될 때 사진을 전부 화면에 렌더링합니다. data.allPhotos 배열 안의 각 사진을 img 요소로 만들고, 객체의 photo.url과 photo.name 정보를 활용해 메타데이터를 요소에 추가합니다.

이 컴포넌트를 App에 추가하면 사진이 화면에 나옵니다. 그러나 그전에 먼저 다른 컴포넌트를 만들어 보겠습니다. 사진 업로드 폼이 들어갈 PostPhoto 컴포넌트입니다.

```
import React, { Component } from "react";

export default class PostPhoto extends Component {
  state = {
    name: "",
    description: "",
    category: "PORTRAIT",
    file: ""
  };

  postPhoto = mutation => {
    console.log("todo: post photo");
    console.log(this.state);
  };

  render() {
    return (
      <form
        onSubmit={e => e.preventDefault()}
        style={{
          display: "flex",
          flexDirection: "column",
          justifyContent: "flex-start",
          alignItems: "flex-start"
        }}>
        <h1>Post a Photo</h1>

        <input
          type="text"
          style={{ margin: "10px" }}
          placeholder="photo name..."
          value={this.state.name}
          onChange={({ target }) => this.setState({ name: target.value })} />

        <textarea
          type="text"
          style={{ margin: "10px" }}
          placeholder="photo description..."
          value={this.state.description}
          onChange={({ target }) =>
            this.setState({ description: target.value })} />

        <select
          value={this.state.category}
          style={{ margin: "10px" }}
          onChange={({ target }) => this.setState({ category: target.value })}>
```

```
                <option value="PORTRAIT">PORTRAIT</option>
                <option value="LANDSCAPE">LANDSCAPE</option>
                <option value="ACTION">ACTION</option>
                <option value="GRAPHIC">GRAPHIC</option>
            </select>

            <input
                type="file"
                style={{ margin: "10px" }}
                accept="image/jpeg"
                onChange={({ target }) =>
                    this.setState({
                        file: target.files && target.files.length ? target.files[0] : ""
                    })} />

            <div style={{ margin: "10px" }}>
                <button onClick={() => this.postPhoto()}>Post Photo</button>
                <button onClick={() => this.props.history.goBack()}>Cancel</button>
            </div>
        </form>
    );
  }
}
```

PostPhoto 컴포넌트는 단순한 폼에 불과합니다. 인풋 요소를 사용해서 name, description, category, file 정보를 받습니다. 이들 요소를 React 에서는 컨트롤 요소라고 합니다. 각각의 인풋 요소가 컴포넌트 상태 변수의 영향을 받기 때문입니다. 인풋 값이 바뀔 때마다 PostPhoto 컴포 넌트의 상태가 바뀌게 됩니다.

사진을 제출하려면 'Post Photo' 버튼을 누릅니다. 파일 인풋은 JPEG 형식의 이미지 파일을 받아서 file 상태 변수에 값을 넣습니다. file 상태 필드에는 텍스트가 아닌 실제 파일이 들어갑니다. 예시 코드를 간결하게 만들기 위해 유효성 검사는 따로 추가하지 않았습니다.

이제 새로 만든 컴포넌트를 App 컴포넌트에 추가합니다. 홈 라우트에서 Users와 Photos를 보여주도록 설정해야 합니다. /newPhoto 라우트는 폼을 보여 줍니다.

```
import React, { Fragment } from "react";
import { Switch, Route, BrowserRouter } from "react-router-dom";
```

```
import Users from "./Users";
import Photos from "./Photos";
import PostPhoto from "./PostPhoto";
import AuthorizedUser from "./AuthorizedUser";

const App = () => (
  <BrowserRouter>
    <Switch>
      <Route
        exact
        path="/"
        component={() => (
          <Fragment>
            <AuthorizedUser />
            <Users />
            <Photos />
          </Fragment>
        )}
      />
      <Route path="/newPhoto" component={PostPhoto} />
      <Route
        component={({ location }) => <h1>"{location.pathname}" not
found</h1>}
      />
    </Switch>
  </BrowserRouter>
);

export default App;
```

<Switch> 컴포넌트를 사용하면 라우트를 한 번에 하나씩만 렌더링합니
다. URL이 홈 라우트("/")와 정확히 일치하면 AuthorizedUser, Users,
Photos 컴포넌트를 하나로 묶어 렌더링합니다. React Fragment를 사용
하면 불필요하게 div 요소를 사용해 자식 요소를 묶을 필요가 없습니다.
URL에 '/newPhoto'가 들어 있으면 사진 게시 폼이 노출됩니다. URL에
해당하는 라우트가 없다면 h1 요소를 노출하여 라우트가 없다고 사용
자에게 알립니다.

　권한을 가진 사용자만 사진을 게시할 수 있으므로 'Post Photo' Nav
Link는 AuthorizedUser 컴포넌트에 넣도록 하겠습니다. 이 버튼을 누르
면 PostPhoto가 렌더링됩니다.

```
import { withRouter, NavLink } from 'react-router-dom'

...

class AuthorizedUser extends Component {

  ...

 render() {
  return (
    <Query query={ME_QUERY}>
      {(({ loading, data }) =>
        data.me ? (
          <div>
            <img src={data.me.avatar_url} width={48} height={48} alt="" />
            <h1>{data.me.name}</h1>
            <button onClick={this.logout}>logout</button>
            <NavLink to="/newPhoto">Post Photo</NavLink>
          </div>
        ) :
  ...
```

<NavLink> 컴포넌트를 불러와 사용했습니다. Post Photo 링크를 클릭
하면 /newPhoto 라우트로 이동합니다.

　이때 앱 네비게이션이 작동해야 합니다. 사용자는 화면 사이를 이동
할 수 있어야 하며, 사진을 게시하면 콘솔에서 필요한 인풋 데이터가 찍
히는 것을 확인할 수 있게 만들어야 합니다. 사진이 게시되면 파일이 포
함된 데이터를 뮤테이션 작업에 사용하겠습니다.

　우선 apollo-upload-client를 설치합니다.

```
npm install apollo-upload-client
```

현재 HTTP 링크를 apollo-upload-client에서 제공하는 HTTP 링크
로 대체합니다. 이 링크는 업로드된 파일이 들어 있는 multipart/form-
data를 지원합니다. createUploadLink 함수를 사용해 링크를 만듭니다.

```
import { createUploadLink } from 'apollo-upload-client'

...
```

```
const httpLink = createUploadLink({
  uri: 'http://localhost:4000/graphql'
})
```

createUploadLink를 사용해 링크를 새로 만들어 예전 HTTP 링크를 대제합니다. 새 링크는 HTTP 링크와 거의 비슷해 보입니다. uri로 API 라우트를 정의하면 됩니다.

그 다음 PostPhoto 폼에 postPhoto 뮤테이션을 추가합니다.

```
import React, { Component } from 'react'
import { Mutation } from 'react-apollo'
import { gql } from 'apollo-boost'
import { ROOT_QUERY } from './App'


const POST_PHOTO_MUTATION = gql`
  mutation postPhoto($input: PostPhotoInput!) {
    postPhoto(input: $input) {
      id
      name
      url
    }
  }
`
```

POST_PHOTO_MUTATION은 AST로 파싱된 뮤테이션이며 서버로 보낼 수 있습니다. 뮤테이션에 의해 반환되는 새로운 사진 데이터를 로컬 캐시에 업데이트할 목적으로 ALL_PHOTOS_QUERY도 불러와야 합니다.

뮤테이션을 코드에 추가하려면 Post Photo 버튼 요소를 Mutation 컴포넌트로 감싸면 됩니다.

```
<div style={{ margin: "10px" }}>
  <Mutation mutation={POST_PHOTO_MUTATION} update={updatePhotos}>
    {mutation => (
      <button onClick={() => this.postPhoto(mutation)}>Post Photo</button>
    )}
  </Mutation>
  <button onClick={() => this.props.history.goBack()}>Cancel</button>
</div>
```

Mutation 컴포넌트는 함수로 뮤테이션을 전달합니다. 버튼을 클릭하면 뮤테이션 함수를 postPhoto로 전달해 사진 데이터를 변경합니다. 뮤테이션 작업이 끝나면 로컬 캐시를 업데이트하기 위해 updatePhotos 함수가 호출됩니다.

이제 뮤테이션을 실제로 보내봅니다.

```
const postPhoto = async mutation => {
  await mutation({
    variables: {
      input: this.state
    }
  }).catch(console.error)
  this.props.history.replace("/")
}
```

뮤테이션 함수는 프로미스를 반환합니다. 작업이 완료되면 React Router의 history 프로퍼티를 사용해 현재 라우트를 홈페이지로 바꿔 줍니다. 로컬 캐시 데이터 역시 바뀐 데이터로 업데이트해야 합니다.

```
const updatePhotos = (cache, { data: { postPhoto } }) => {
  var data = cache.readQuery({ query: ALL_PHOTOS_QUERY })
  data.allPhotos = [postPhoto, ...allPhotos]
  cache.writeQuery({ query: ALL_PHOTOS_QUERY, data })
}
```

updatePhotos 메서드는 캐시 업데이트를 담당합니다. ROOT_QUERY를 사용해 캐시에서 사진 데이터를 읽어 옵니다. 그 다음 writeQuery로 캐시에 사진을 새로 추가합니다. 이렇게 해야 업데이트된 사진 데이터와 로컬 데이터 간의 싱크를 맞출 수 있습니다.

자, 이제 사진 게시 기능이 다 구현되었습니다. 직접 한번 사용해 보세요.

클라이언트 쪽에서 쿼리, 뮤테이션, 서브스크립션 작업이 어떻게 이루어지는지 자세히 살펴보았습니다. React 아폴로를 사용하면 <Query>, <Mutation>, <Subscription> 컴포넌트를 사용해 GraphQL 서비스와 UI 간의 데이터를 연결할 수 있습니다.

애플리케이션 기능 구현을 마쳤으니 보안 측면을 다뤄 보도록 하겠습니다.

7.3 보안

GraphQL로 만든 서비스를 사용하면 클라이언트 쪽 구현에 많은 자유와 유연성을 부여할 수 있습니다. 쿼리를 받는 곳이 여러 곳이더라도 요청을 한 번만 보내면 됩니다. 또한 서로 연관되어 있는 대량의 데이터를 한 번의 요청으로 다 받을 수 있습니다. 그러나 한 번에 너무 많은 양의 데이터를 요청하는 것은 아닌지 체크하는 과정이 없었습니다. 한 번에 너무 많은 양을 요청하면 서버 성능이 떨어질 뿐만 아니라 서비스가 완전히 다운될 수도 있습니다. 무의식적으로 그러는 경우도 있겠지만 악의를 가지고 이런 요청을 보내는 사람들도 있습니다. 의도가 어찌 되었든, 이런 쿼리에 대한 대비책을 세워 두고 서버 성능을 모니터링할 수 있는 방편을 마련해 두어야 합니다.

이번 절에서는 GraphQL 서비스의 보안과 성능을 향상시킬 수 있는 몇 가지 선택지를 알아봅니다.

7.3.1 요청 타임아웃

요청 타임아웃(request timeout)은 악성 쿼리가 대량으로 들어오는 상황을 방지할 수 있는 첫 번째 수단입니다. 각각의 요청 처리에 걸리는 시간에 제한을 걸어 두는 것입니다. 서비스에서는 특정 시간 안에 요청에 대한 작업을 완료해야 합니다. GraphQL 서비스뿐 아니라 인터넷의 각종 서비스와 프로세스에서 사용하는 방법입니다. REST API에서도 POST 데이터의 양이 너무 많아 요청 처리 속도가 너무 느려지는 것을 대비하기 위해 이 방법을 사용합니다.

timeout 키로 익스프레스 서버로 들어오는 모든 요청에 대해 타임아웃을 걸어 두어도 됩니다. 다음 코드에서는 문제를 일으킬 가능성이 있는 쿼리를 방지하기 위해 타임아웃을 5초로 설정했습니다.

```
const httpServer = createServer(app)
server.installSubscriptionHandlers(httpServer)

httpServer.timeout = 5000
```

쿼리 전체, 혹은 리졸버에 개별적으로 타임아웃을 설정할 수도 있습니다. 원하는 타임아웃 시간을 정해두고, 리졸버나 쿼리 함수 초반에 시작 시간을 기록한 후에 이를 초과하지 않았는지 검사하면 됩니다. 컨텍스트 안에서 시작 시간을 기록해도 됩니다.

```
const context = async ({ request }) => {

  ...

  return {
    ...
    timestamp: performance.now()
  }
}
```

이제부터 각 리졸버의 쿼리 작업이 언제 시작되었는지 알 수 있으므로 너무 오래 걸리면 에러를 던지도록 만듭니다.

7.3.2 데이터 제한

다른 악성 쿼리 방지법으로는 각 쿼리가 반환하는 데이터 양에 제한을 걸어 두는 방법이 있습니다. 페이지마다 받을 수 있는 데이터 양을 제한하려면 쿼리가 반환하는 데이터 양에 제한을 걸면 됩니다.

4장에서 데이터 페이징을 다루는 스키마를 디자인했습니다. 그런데 클라이언트가 다음 코드 예제처럼 대량의 데이터를 한 페이지에 담아 보여 주고 싶다고 요청하면 어떻게 될까요?

```
query allPhotos {
  allPhotos(first=99999) {
    name
    url
    postedBy {
      name
```

```
    avatar
  }
}
```

이를 방지하려면 페이지 데이터의 양에 제한을 걸면 됩니다. 예를 들어 GraphQL 서버 쿼리가 사진을 최대 100장까지만 반환할 수 있도록 제한을 걸 수 있습니다. 쿼리 리졸버에서 인자를 체크해 이를 강제할 수 있습니다.

```
allPhotos: (root, data, context) {
  if (data.first > 100) {
    throw new Error('Only 100 photos can be requested at a time')
  }
}
```

요청 데이터 양이 많다면 데이터 페이징을 구현하는 편이 좋습니다. 데이터 페이징은 쿼리에서 반환하는 데이터 양에 제한만 걸어 두면 되므로 구현이 간단합니다.

7.3.3 쿼리 깊이 제한

GraphQL의 장점 중 하나는 클라이언트에서 여기저기 퍼져 있는 데이터에 관한 쿼리를 한 번에 처리해 준다는 것입니다. 책에서 만든 사진 API를 사용하면 사진, 게시자, 게시자의 다른 사진에 관한 정보를 하나의 요청으로 모두 받는 쿼리를 작성할 수 있습니다.

```
query getPhoto($id:ID!) {
  Photo(id:$id) {
    name
    url
    postedBy {
      name
      avatar
      postedPhotos {
        name
        url
      }
    }
  }
}
```

애플리케이션 네트워크 성능을 개선시킬 수 있으므로 아주 좋은 기능이라 할 수 있습니다. 앞의 쿼리는 깊이가 3이라 말할 수 있는데, 사진 필드 자체가 다른 두 필드(postedBy, postedPhotos)와 연결되어 있기 때문입니다. 루트 쿼리의 깊이가 0이라 하면 Photo 필드의 깊이는 1, postedBy 필드는 2, postedPhotos 필드는 3입니다.

클라이언트 쪽에서 이런 속성을 더 응용할 수 있습니다. 다음 쿼리를 보세요.

```
query getPhoto($id:ID!) {
  Photo(id:$id) {
    name
    url
    postedBy {
      name
      avatar
      postedPhotos {
        name
        url
        taggedUsers {
          name
          avatar
          postedPhotos {
            name
            url
          }
        }
      }
    }
  }
}
```

쿼리가 2 정도 더 깊어졌습니다. 원본 사진을 찍은 사람이 게시한 모든 사진의 taggedUsers와 그런 taggedUsers가 각각 올린 postedPhotos입니다. 이렇게 되면 만약 누군가 사진을 올리면 이 쿼리는 게시자가 올린 모든 사진, 그 모든 사진 안에 태그된 모든 사용자 그리고 그 사용자들이 올린 모든 사진에 대한 정보를 반환하게 됩니다. 반환되는 데이터의 양이 너무 많아집니다. 리졸버가 처리하기에 너무 많은 작업량입니다. 쿼리 깊이는 기하급수적으로 증가하기 때문에 금방 통제할 수 없게 됩니다.

서비스가 중단되는 것을 막기 위해 쿼리 깊이에 제한을 두는 방법이 있습니다. 만약 쿼리 깊이를 3으로 제한한다면 첫 번째 예시 쿼리는 괜찮겠지만 두 번째 예시 쿼리는 깊이가 5기 때문에 제한선을 벗어났습니다.

쿼리 깊이 제한은 쿼리의 AST를 파싱한 다음 객체 안의 셀렉션 세트가 얼마나 깊게 중첩되어 있는지 계산하는 식으로 구현되어 있습니다. graphql-depth-limit 같은 패키지에 이미 관련 기능이 들어 있습니다.

```
npm install graphql-depth-limit
```

설치 후에 depthLimit 함수를 사용해 GraphQL 서버 설정에 유효성 검사 규칙을 추가합니다.

```
const depthLimit = require('graphql-depth-limit')

...

const server = new ApolloServer({
  typeDefs,
  resolvers,
  validationRules: [depthLimit(5)],
  context: async({ req, connection }) => {
    ...
  }
})
```

여기서는 쿼리 깊이 제한을 5로 두었습니다. 깊이가 5까지인 쿼리를 클라이언트에서 다룰 수 있게 제한을 걸었습니다. 이보다 깊어지면 GraphQL 서버에서 쿼리 실행을 중단하고 에러를 반환합니다.

7.3.4 쿼리 복잡도 제한

쿼리 복잡도(query complexity)를 측정하여 문제점을 찾아낼 수도 있습니다. 깊이가 그리 깊지는 않아도 쿼리에 포함된 필드가 많기 때문에 연산 비용이 높아질 수도 있습니다. 다음 쿼리를 봅시다.

```
query everything($id:ID!) {
  totalUsers
  Photo(id:$id) {
    name
    url
  }
  allUsers {
    id
    name
    avatar
    postedPhotos {
      name
      url
    }
    inPhotos {
      name
      url
      taggedUsers {
        id
      }
    }
  }
}
```

everything 쿼리는 최대 쿼리 깊이를 넘지는 않았으나 쿼리에 포함된 필드가 많기 때문에 수행 비용이 상당히 높습니다. 각각의 필드마다 resolver 함수가 호출되는 것에 신경써야 합니다.

쿼리 복잡도는 각 필드에 복잡도 값을 매겨 놓고 복잡도 값의 전체 합을 계산합니다. 쿼리에 최대 복잡도를 정해 전체 한계를 설정할 수 있습니다. 쿼리 복잡도를 매길 때 수행 비용이 높은 리졸버가 있다면 해당하는 필드에 높은 복잡도 값을 매기면 됩니다.

쿼리 복잡도를 설정할 때 도움이 될 만한 npm 패키지가 몇 가지 있습니다. graphql-validation-complexity를 사용해 쿼리 복잡도를 설정하는 방법에 대해 알아봅시다.

```
npm install graphql-validation-complexity
```

이 패키지에는 쿼리 복잡도 측정에 바로 사용할 수 있는 기본 규칙이 몇 가지 들어 있습니다. 스칼라 필드에는 값을 1로 부여합니다. 만약 그 필

드가 리스트에 들어 있다면(배열로 반환되는 값) 10의 배수로 값을 올
립니다.

예를 들어 everything 쿼리의 점수는 다음과 같습니다.

```
query everything($id:ID!) {
  totalUsers       # 복잡도 1
  Photo(id:$id) {
    name           # 복잡도 1
    url            # 복잡도 1
  }
  allUsers {
    id             # 복잡도 10
    name           # 복잡도 10
    avatar         # 복잡도 10
    postedPhotos {
      name         # 복잡도 100
      url          # 복잡도 100
    }
    inPhotos {
      name         # 복잡도 100
      url          # 복잡도 100
      taggedUsers {
        id         # 복잡도 1000
      }
    }
  }
}              # 전체 복잡도 1433
```

기본적으로 graphql-validation-complexity는 각 필드에 값을 부여합
니다. 리스트 안에 속한 값이라면 10의 배수를 부여합니다. totalUsers는
하나의 정수 필드여서 복잡도 1이 부여됩니다. 사진 하나에 대한 쿼리 역
시 같은 값을 갖습니다. allUsers 리스트에 대한 필드는 값이 10입니다.
리스트 안에 들어가기 때문입니다. 리스트가 중첩될 때마다 값에 10을 곱
해서 리스트 안의 리스트는 값이 100이 됩니다. taggedUsers는 inPhotos
리스트 안에 들어가며 inPhotos는 allUsers 리스트 안에 들어가기 때문
에 taggedUser 필드의 복잡도 값은 $10 \times 10 \times 10$, 즉 1000이 됩니다.

쿼리 복잡도의 최댓값을 1000으로 두어 특정 쿼리의 실행을 막아 보
겠습니다.

```
const { createComplexityLimitRule } = require('graphql-validation-
complexity')

...

const options = {

  ...

    validationRules: [
      depthLimit(5),
      createComplexityLimitRule(1000, {
        onCost: cost => console.log('query cost: ', cost)
      })
    ]
}
```

예제 코드를 살펴보면 graphql-validation-complexity 패키지의
createComplexityLimitRule을 사용해 1000으로 최대 복잡도 값을 설
정했습니다. onCost 함수도 만들었는데 쿼리가 실행될 때마다 그 비용
을 인자로 받는 함수입니다. 앞에서 작성한 쿼리를 실행하면 복잡도가
1000을 넘기 때문에 실행되지 않습니다.

쿼리 복잡도 패키지는 대부분 사용자가 직접 규칙을 설정할 수 있는
기능을 제공합니다. 스칼라, 객체, 리스트에 기본적으로 설정된 복잡도
값을 바꿀 수도 있습니다. 매우 복잡하거나 비용이 많이 드는 필드에는
별도의 복잡도 값을 부여할 수도 있습니다.

7.3.5 아폴로 엔진

보안 관련 기능을 구현해 두고 잘 돌아가기 바라기만 하는 것은 추천하
지 않습니다. 보안 및 성능 전략을 세웠다면 측정할 수 있는 수단이 있
어야 합니다. GraphQL 서비스를 모니터링 해 많이 사용되는 쿼리를 찾
아내고 성능 병목 현상이 발생하는 지점을 찾아내야 합니다.

아폴로 엔진을 사용해 GraphQL 서비스 모니터링을 할 수 있는데,
이는 단순한 모니터링 툴이 아닙니다. 여러분이 만든 GraphQL 서비
스에 대한 인사이트를 제공하는 강력한 클라우드 서비스입니다. 덕분

에 자신감을 갖고 제품 운영을 할 수 있게 됩니다. 서비스에 들어오는 GraphQL 작업을 모니터링하고 세세한 실시간 리포트를 *https://engine. apollographql.com*에서 제공합니다. 들어가면 가장 많이 사용된 쿼리, 모니터링 실행 시간, 모니터링 에러, 병목 지점 찾기 등의 기능을 사용할 수 있습니다. 유효성 검사 등의 스키마 관리 도구를 사용할 수도 있습니다.

아폴로 서버 2.0에는 이미 아폴로 엔진이 내장되어 있습니다. 코드를 한 줄만 더 추가하면 아폴로 서버가 구동되는 곳이면 어디든 엔진을 구동시킬 수 있습니다. engine 키 값을 true로 설정만 하면 됩니다.

```
const server = new ApolloServer({
  typeDefs,
  resolvers,
  engine: true
})
```

그 다음 ENGINE_API_KEY를 환경 변수로 지정해 아폴로 엔진 API 키를 넣어 둡니다. 계정 및 키 생성은 *https://engine.apollographql.com*에서 하면 됩니다.

아폴로 엔진으로 애플리케이션을 연동하려면 아폴로 CLI 툴을 설치해야 합니다.

```
npm install -g apollo
```

설치 후 CLI를 통해 앱을 연동합시다.

```
apollo schema:publish
    --key=<YOUR ENGINE API KEY>
    --endpoint=http://localhost:4000/graphql
```

환경 변수에 ENGINE_API_KEY를 추가하는 것을 잊지 마세요.

이제 PhotoShare GraphQL API를 실행하면 GraphQL 서비스로 전달되는 모든 작업에 관한 모니터링이 시작됩니다. 엔진 웹사이트에 들어가 활동 리포트를 볼 수 있습니다. 활동 리포트를 보고 병목 지점을 찾아내어 해결하면 됩니다. 서비스 성능 모니터링 말고도 쿼리 응답 시간과 성능 개선에도 이용할 수 있습니다.

7.4 다음 단계

그래프 이론부터 시작해 쿼리 작성법, 스키마 디자인 방법, GraphQL 서버와 클라이언트 구현에 대해 살펴보았습니다. 기본기는 다 갖추어 졌으니 이제 필요한 것만 선택해 애플리케이션에 적용하면 됩니다. 이 절에서는 후에 GraphQL 애플리케이션을 만들 때 여러분께 도움이 될 만한 개념과 자료를 소개합니다.

7.4.1 점진적 마이그레이션

PhotoShare 앱은 그린필드(Greenfield) 프로젝트[3]의 전형적인 예입니다. 실제 업무 상황에서는 이미 레거시 코드가 있는 경우도 있습니다. GraphQL은 구현에 제약이 없기 때문에 조금씩 추가해도 됩니다. 있는 코드를 다 없애고 모든 것을 처음부터 다시 GraphQL 기능을 사용해 만들지 않아도 됩니다. 다음 아이디어를 프로젝트에 느긋하게 적용해 보세요.

리졸버 함수에서 REST 데이터 페치

모든 REST 엔드포인트를 다시 작성하는 대신 GraphQL을 게이트웨이로 사용해 서버의 리졸버 함수 안에서 데이터 페치 요청을 보내도록 만듭니다. 쿼리 응답 시간을 줄이려면 REST에서 받아 온 데이터를 캐싱합니다.

GraphQL 요청 사용하기

전부 GraphQL 클라이언트 코드로 작성해도 되긴 하나, 그러기에는 세팅하는 데 시간이 너무 오래 걸릴 수 있습니다. 빠르게 개발을 시작하려면 REST API를 사용하는 부분에 graphql-request의 fetch를

---

3 (옮긴이) 참고해야 할 전례기 없고 아무것도 없는 상태에서 시작하는 프로젝트를 말합니다.

쓰면 됩니다. 자그마하게 시작해서 GraphQL에 대한 흥미가 생겨난 후에 성능 최적화를 할 준비가 되었다면 그때 더 정교한 클라이언트 코드를 작성하면 됩니다. 하나의 앱 안에서 데이터 페치용으로 REST 엔드포인트 네 개와 GraphQL 서비스 하나를 동시에 사용하지 말라는 법은 없습니다. 전부 한날한시에 GraphQL로 옮기지 않아도 됩니다.

한두 개의 컴포넌트만 GraphQL 적용해 보기

사이트 전체를 다시 개발하지 말고 컴포넌트 혹은 페이지를 하나만 골라 GraphQL로 데이터 작업과 관련된 코드를 구현해 보세요. 컴포넌트 하나에만 GraphQL을 적용해 시험해 보고 다른 부분은 그대로 놔두어도 됩니다.

REST 엔드포인트는 더 이상 사용하지 않기

새로운 서비스나 기능을 구현할 때 기존의 REST API를 확장하지 말고 GraphQL 엔드포인트를 구현해 보세요. REST 엔드포인트를 호스팅하는 서버에 GraphQL 엔드포인트를 같이 호스팅하면 됩니다. 익스프레스에서는 요청 라우트가 REST 함수인지 GraphQL 리졸버인지 신경쓰지 않습니다. 새로운 기능 구현 시 REST 엔드포인트를 추가해야 한다면 GraphQL 서비스를 대신 사용해 주세요.

사용 중인 REST 엔드포인트는 유지 보수하지 말기

현재 보유한 REST 엔드포인트를 수정하거나 새로 만들어야 해도 하지 마세요! 해당 엔드포인트를 가져다 GraphQL로 만들어 보세요. 이런 식으로 작업하면 서서히 모든 REST API를 GraphQL로 이전할 수 있습니다.

GraphQL로 천천히 옮겨가는 식으로 작업을 하면 현재 기능을 계속 활용할 수 있으므로 아무것도 없는 상태에서 시작하는 것보다 덜 힘듭니다. 당장 가지고 있는 것에서 시작해 점진적으로 GraphQL로 바꾸면 됩니다.

7.4.2 스키마 주도 개발

새로운 웹 프로젝트 관련 회의에 참여했다고 상상해 봅시다. 프론트엔드와 백엔드 팀원들이 전부 모여 있습니다. 회의 후에 요구 사항이 업데이트 되는데 보통 이런 문서는 길이도 길고 잘 읽히지도 않습니다. 아무튼 프론트엔드, 백엔드 팀원 모두 코딩을 시작하는 데 명확한 가이드라인이 없으므로 프로젝트 마감 기간은 지켜지지 않았고 모두가 처음 상상했던 결과물과는 거리가 먼 것이 나왔습니다.

웹 프로젝트를 진행하면서 생기는 문제는 대부분 커뮤니케이션 부족, 혹은 결과물에 대한 이해가 일치하지 않는 데서 기인합니다. 스키마는 정확성을 가져다주고 커뮤니케이션을 쉽게 만들어 주므로 대부분의 프로젝트는 스키마 주도 개발(schema-first development)로 진행되어야 합니다. 도메인에 국한된 세부 구현 사항에 얽매이기보다는, 스키마를 제일 먼저 합의해 서로 이질적인 팀이 힘을 합쳐야 합니다.

스키마는 프론트엔드와 백엔드 팀이 맺은 상호 협약과 같은 것입니다. 애플리케이션 데이터 관계를 정립한 것이기도 합니다. 스키마를 통한 계약을 수립하고 나면, 나머지는 그 계약을 수행하기 위해 각자 할 일을 알아서 하면 됩니다. 프론트엔드 팀은 사용자 인터페이스 관점에서 언제 어떤 쿼리를 날려 데이터를 가져와야 하는지 잘 압니다. 백엔드 팀은 어떤 데이터가 필요하며 이를 어떻게 수급해야 하는지 잘 알고 있습니다. 스키마 주도 개발을 하면 명확한 청사진을 마련할 수 있고 협의를 더 잘 할 수 있으며 스트레스는 덜 받게 됩니다.

모킹(Mocking)은 스키마 주도 개발에서 중요한 부분을 차지합니다. 프론트엔드 팀에서는 스키마를 확보한 후에 바로 컴포넌트 개발을 시작하면 됩니다. GraphQL 서비스에 모킹 기능을 추가하려면 다음 코드와 같이 합니다.

```
const { ApolloServer } = require('apollo-server')
const { readFileSync } = require('fs')

var typeDefs = readFileSync('./typeDefs.graphql', 'UTF-8')
```

```
const server = new ApolloServer({ typeDefs, mocks: true })

server.listen()
```

typeDefs.grpahql 파일은 스키마 주도 개발 과정으로 만들어진 것이라 가성하겠습니다. 백엔드 팀에서 실제 서비스를 구현하는 동안 임시 GraphQL 서비스를 사용해 쿼리, 뮤테이션, 서브스크립션 작업을 진행할 수 있는 UI 컴포넌트를 개발합시다.

각 스칼라 타입에 기본 값을 부여하면 바로 모킹할 수 있습니다. 필드가 문자열 타입 값으로 리졸빙되는 부분은 전부 'Hello World' 데이터가 들어 있는 것을 확인할 수 있습니다.

모킹 중인 서버에서 반환하는 기본 값은 마음대로 변경 가능합니다. 더 실제 데이터처럼 보이도록 만들 수 있습니다. 실제처럼 보이는 데이터를 사용하면 UI 컴포넌트를 스타일링할 때 편하게 작업할 수 있습니다.

```
const { ApolloServer, MockList } = require('apollo-server')
const { readFileSync } = require('fs')

const typeDefs = readFileSync('./typeDefs.graphql', 'UTF-8')
const resolvers = {}

const mocks = {
  Query: () => ({
    totalPhotos: () => 42,
    allPhotos: () => new MockList([5, 10]),
    Photo: () => ({
      name: 'sample photo',
      description: null
    })
  })
}

const server = new ApolloServer({
  typeDefs,
  resolvers,
  mocks
})

server.listen({ port: 4000 }, () =>
  console.log(`Mock Photo Share GraphQL Service`)
)
```

Photo 타입과 함께 totalPhotos와 allPhotos 필드에 대한 목업을 추가
하는 코드입니다. totalPhotos 쿼리를 날릴 때마다 42가 반환됩니다.
allPhotos 필드 쿼리를 날리면 사진이 5장에서 10장 사이로 반환됩니
다. MockList 생성자는 apollo-server에 포함되어 있는 것인데 특정 길
이를 주면 이에 따른 리스트 타입을 생성합니다. Photo 타입은 sample
photo라는 name 값과 null이라는 description 값이 반환됩니다. faker
나 casual이라는 패키지를 함께 사용해 상당한 양의 목업 데이터를 만
들어 낼 수 있습니다. 이 두 패키지는 모든 종류의 가짜 데이터를 생성
해 진짜 같아 보이는 목업을 만드는 데 사용합니다.

아폴로 서버 모킹에 대해 더 자세히 알아보려면 아폴로 문서[4]를 참고
하세요.

7.4.3 GraphQL 행사 모음

GraphQL을 집중적으로 다루는 콘퍼런스 및 밋업 행사는 다음과 같습
니다.

GraphQL Summit
아폴로 GraphQL에서 주최하는 콘퍼런스[5]

GraphQL Day
네덜란드에서 열리는 실습 위주의 GraphQL 개발자 콘퍼런스[6]

GraphQL Europe
유럽에서 열리는 비영리 GraphQL 콘퍼런스[7]

GraphQL Finland
핀란드 헬싱키에서 열리며 커뮤니티에 의해 운영되는 GraphQL 콘
퍼런스[8]

---

4 *https://www.apollographql.com/docs/apollo-server/features/mocking*
5 *https://summit.graphql.com*
6 *https://www.graphqlday.org*
7 *https://www.graphql-europe.org*
8 *https://graphql-finland.fi*

이 외에도 요즘 열리는 자바스크립트 개발 콘퍼런스에서는 대부분 GraphQL 관련 콘텐츠가 포함되어 있습니다.

전 세계에 GraphQL 밋업도 열리고 있으므로[9] 현재 사는 곳 근처의 행사에 참석하고 싶다면 밋업을 찾아 보세요. 하나도 없다면 로컬 그룹을 하나 만들어 보세요!

7.4.4 커뮤니티

GraphQL은 아주 멋진 기술이기 때문에 많은 사람이 좋아합니다. 또한 열화와 같은 GraphQL 커뮤니티의 지원이 있기 때문에 유명해질 수 있었습니다. 커뮤니티는 새로운 사람을 환영하는 분위기입니다. 활동에 참여할 수 있는 방법도 다양하고, 최신 소식을 들을 수 있는 방법도 몇 가지 있습니다.

GraphQL에 대해 알아보면서 얻은 지식은 나중에 다른 라이브러리나 툴을 사용할 때 좋은 기반이 되어 줄 것입니다. 실력 향상에 도움이 될 만한 주제는 다음과 같습니다.

스키마 스티칭

스키마 스티칭을 사용하면 여러 GraphQL API를 하나의 GraphQL 스키마로 만들 수 있습니다. 서로 떨어져 있는 스키마를 하나로 묶을 수 있는 아주 훌륭한 툴입니다. Apollo 문서에 이 프로젝트에 관해 자세한 정보가 나와 있습니다.[10]

Prisma

이 책의 전반에 걸쳐 GraphQL 플레이그라운드와 GraphQL Request 툴을 사용했습니다. 모두 Prisma 팀에서 만든 툴입니다. Prisma는 이미 존재하는 데이터베이스를 GraphQL API로 변환해

---

9 *https://github.com/chentsulin/awesome-graphql#graphql-meetups*

10 *https://www.apollographql.com/docs/graphql-tools/schema-stitching*
(옮긴이) 현재 deprecated 상태입니다. 문서를 읽어 보면 federation을 대신 사용하라고 나와 있습니다. Federation 소개 링크는 *https://blog.apollographql.com/apollo-federation-f260cf525d21* 이며, 기존에 stitching을 federation으로 전환하는 방법은 *https://www.apollographql.com/docs/apollo-server/federation/migrating-from-stitching*에 나와 있습니다.

주는 툴로, 기존에 사용하는 데이터베이스 종류에 구애받지 않습니다. GraphQL API와 데이터베이스 사이에 위치합니다. 오픈 소스이며, 클라우드 프로바이더를 선택해 실제 Prisma 서비스를 배포할 수 있습니다. Primsa 서비스를 호스팅할 수 있는 플랫폼인 Primsa Cloud라는 관련 툴도 있습니다. 호스팅을 직접 하지 않고 Primsa Cloud에 DevOps 업무를 위임하면 됩니다.

AWS AppSync

아마존 웹 서비스 역시 GraphQL 생태계의 한몫을 차지합니다. GraphQL과 아폴로를 기반으로 하는 AWS AppSync를 사용하면 간단하게 서비스를 설정할 수 있습니다. 스키마를 생성한 후에 데이터 소스에 연결하면 됩니다. 실시간 데이터 업데이트 및 오프라인 데이터 변경 기능도 제공합니다.

7.4.5 커뮤니티 슬랙 채널

GraphQL 커뮤니티 슬랙 채널에 가입하는 것도 좋은 참여 방법입니다. 최신 GraphQL 뉴스를 접할 수 있을 뿐더러, 질문을 하면 가끔 이들 기술을 만든 사람들한테 직접 답변을 들을 수도 있습니다.

지역에 국한받지 않는 온라인 커뮤니티에 참여해 지식을 나누어도 됩니다.

- **GraphQL 슬랙** *https://graphql-slack.herokuapp.com*
- **아폴로 슬랙** *https://www.apollographql.com/#slack*

GraphQL을 계속 사용하다 보면 점점 더 프로젝트에 많은 참여를 하게 되면서 커뮤니티 활동을 활발히 하게 될 것입니다. React 아폴로, Prisma, GraphQL에서 help wanted 태그가 붙은 이슈가 많이 열려 있으니, 이슈 해결에 힘을 보태 주세요! GraphQL 생태계에 새로운 툴을 소개할 기회도 많이 열려 있습니다.

툴은 언제나 바뀔 수 있지만 GraphQL API 개발 기본 지식은 거의 바뀌지 않을 것입니다. GraphQL로 하는 모든 작업의 핵심은 스키마 직성과 데이터 요구 사항에 따른 리졸버 함수 생성입니다. 혁신적인 툴이 앞으로 많이 등장할 수 있으나, GraphQL 쿼리 언어의 안정성이 새로운 툴을 사용할 때 든든한 바탕이 되어 줄 것입니다. 시대적인 관점에서 보자면 GraphQL은 만들어진지 얼마 안 된 신생 API 기술이나 그 미래는 밝을 것이라 예상됩니다. 그러니 이제 GraphQL로 뭔가 엄청난 것을 만들어 봅시다.

찾아보기